MA LIBERTÉ SI JE VEUX

Prologue

Longtemps j'ai cru que la solitude était mon lot. Ma destinée, même. Malgré de nombreuses rencontres, malgré la présence autour de moi de personnes aimantes, je me sentais seule. J'avais emprunté un chemin de ronces : soumise à mes pulsions addictives, je malmenais mon corps, je buvais, je me droguais, je ne m'appartenais plus. J'évoluais dans une bulle toxique, coupée du monde et des autres. Ce que je vivais ne pouvait pas être partagé.

C'est du moins ce que je croyais.

Car ma propre histoire, certes chaotique, a fini par m'enseigner le strict opposé. Non seulement ce que nous vivons peut être partagé, mais il gagne absolument à l'être. L'expérience est un matériau humain infini qui permet d'entrer en relation avec les autres, de créer une chaîne de solidarité.

De mon propre rapport à la pulsion addictive comme de ma fréquentation d'addicts en tous genres, j'ai tiré au fil du temps une méthode permettant à chacun de (re)devenir acteur de sa vie. La méthode My Addie. Cette dernière se nourrit d'humilité, d'absence de jugement, de lucidité, mais aussi de revalorisation de soi, d'amour et de confiance. Elle ouvre le champ des possibles. Elle m'a révélé que je n'étais pas seule puisque je pouvais aider les autres.

C'est la somme de ces réflexions et expériences que je désire partager avec vous aujourd'hui. Accueillir. Accepter. Libérer. Agir. Voilà les thèmes essentiels d'un processus passionnant de transformation.

L'addiction parle de nous, de nos fêlures, de nos rêves, de notre quête d'intensité. Il faut savoir l'écouter pour l'apprivoiser et accepter de vivre *avec* elle plutôt que sous sa coupe. Comme dans la vie, on n'arrive à rien sans dialogue – ici, un dialogue entre l'addict et sa pulsion, un dialogue sans angélisme, sans censure, sans auto-accablement, mais riche en humanité.

Pour l'avoir expérimentée moi-même, je sais tout ce que cette démarche apporte. Elle aide, elle apaise, parfois elle sauve. Surtout elle reconstruit, en plaçant l'autonomie du sujet au cœur de tout.

À travers ce livre, en levant le voile sur des tabous, des hontes, peut-être des erreurs d'appréciation, je ne souhaite qu'une chose : vous accompagner à vous accompagner vous-même. Parce que nous sommes notre propre chance, notre propre bien.

La méthode My Addie : une invitation à cheminer vers soi-même, pour pouvoir mieux aller vers le monde.

Chapitre 1

Le choix
(Paris)

Le ciel est blanc. Les murs sont blancs. Blancs aussi les médecins.

Le crack est blanc.

« Hôpital de Port-Royal, Ashley Taïeb, rendez-vous IVG. » Le jour, je l'ai oublié ; l'heure, oubliée aussi, je n'ai pas cette mémoire du calendrier, elle ne m'intéresse pas. Je me souviens juste du blanc et de cette phrase en boucle dans ma tête : Je vais avorter. Même si Kurt y est opposé. Même si les choses auraient pu être différentes.

J'avance dans le couloir, la tête brumeuse. Hier soir encore j'ai fumé – des morceaux de tristesse partagés avec Kurt, qui n'a d'américain que le nom. Avec lui je partage. Mon butin, mon trésor, ma confiance, oui, avec lui je partage beaucoup.

J'aimerais qu'il en fasse autant, lui qui depuis quelques mois m'offre surtout ses cris et sa paranoïa. Et bien sûr sa semence.

Dans mon ventre il y a un enfant.

Ou plutôt, quelque chose qui pourrait devenir un enfant.

Kurt l'a senti avant moi. Je n'y croyais pas, ça me paraissait tellement irréel, moi, Ashley, maman ? Non, impossible. Pas avec la vie que je mène. La drogue, la rue, la galère, la violence. Faire la manche à Paris, chercher la dope, boire comme une alcoolique, me détruire. Continuer à rêver aussi. Me tenir sur la crête, funambuler ma vie. « Qu'est-ce qu'on va faire avec Ashley ? » Combien de fois ai-je entendu cette question. Pas vraiment une question d'ailleurs, plutôt un soupir dans la bouche de mes proches. Une expression d'impuissance. L'aveu d'une inquiétude. Moi-même je m'interroge. Qu'est-ce que je vais faire de moi ? Quelle tournure prendra mon avenir ? Alors un enfant aujourd'hui, vous n'y pensez pas. La nature est intelligente, elle sait qu'il ne faut pas que j'aie un bébé maintenant, que *ce n'est pas possible*. Mais l'impossible est souvent la définition de ce qui arrive. La preuve.

Je donne mon nom à l'accueil, salle d'attente, veuillez patienter s'il vous plaît. Les sièges sont en plastique orange, inconfortables. Je m'installe. Je divague. Doucement, sur le blanc du mur, une ombre se dessine devant moi. Une image apparaît et je reconnais ce visage, cette petite fille aux yeux bruns et chauds. Elle me regarde sans sourire, avec gentillesse. Elle est seule. Elle ne comprend pas les adultes qui la gâtent puis la rejettent, la câlinent puis lui tournent le dos. Elle a cinq ans, dix ans, quinze ans, elle se débrouille, elle fait tout pour être aimée, elle mange puis elle vomit, elle dévore puis elle s'affame, elle est maigre, elle est ronde, elle se cache, elle court, elle lit, elle pleure, elle rêve, elle est seule.

« Madame Taïeb. »

Mon nom résonne dans la petite pièce remplie de femmes au ventre proéminent, je ne vois que ça, partout, des ventres gonflés, énormes. Certains ventres sont accompagnés – des hommes, des sœurs, des femmes plus âgées. D'autres sont autonomes.

« Madame Taïeb », répète l'infirmière.

Je me lève. Crispation dans le corps, mes mains qui s'agitent. L'envie de fumer m'a rattrapée d'un coup, soudain je ne pense à rien d'autre, fumer, fumer, quand je sortirai de l'hôpital il faudra que je reparte chasser. Le crack, c'est l'excitation de la consommation, mais plus encore celle de la chasse. J'ai mes réseaux, mes tuyaux, mes stratégies. Il faut déjouer les flics, les stup', certains dealers pourris qui te refilent une came pourrie, connaître les spots, déjouer Kurt quand il devient fou, semer tous les ennemis possibles, imaginaires ou pas. Je sais faire. Je suis forte. Je l'ai toujours été. Pas eu le choix, il est vrai, mais le résultat est là : je suis debout, toujours pas morte.

« Bonjour madame Taïeb, veuillez me suivre, s'il vous plaît. »

J'emboîte le pas à une docteure d'environ quarante ans, des Crocs aux pieds qui couinent sur le lino, à moins que ce ne soit une sage-femme, je ne sais pas, mais une sage-femme ça s'occupe des naissances, pas des IVG, non ? Moi je viens pour une IVG, je n'ai pas fumé depuis hier soir, fumer est mon seul désir, pas dormi non plus, l'idée d'arracher le fœtus à ma chair, pas simple, vraiment pas. Et tellement irréel. J'ai la tête qui tourne, un vieux goût d'alcool dans la bouche et dans le ventre quelque chose qui pourrait devenir un enfant.

Quelque chose-qui-pourrait-devenir…

Mon corps se fige.

Blocage.

Et si Kurt avait raison ?

Je suis comme étourdie lorsque je m'assois face à la gynéco. Elle referme la porte et s'installe à son tour.

Blancs les murs, blanches les pensées.

« Bien. C'est votre première IVG ? »

Sous la table du cabinet, mes mains tremblent.

Je confirme. La première, oui.

Je la vois cocher une case sur un document en haut duquel figurent mon nom et mon prénom.

« D'accord. Madame Taïeb, votre décision d'interruption de grossesse est-elle *irrévocable* ? »

En un millième de seconde, ce mot, terrible, gonfle mon cœur d'angoisse.

« Irrévocable ? »

La gynécologue croise ses mains et pose son menton dessus. Elle ne répète pas la question.

« Docteure… »

Ses yeux noirs semblent creuser un tunnel dans les miens. Je déglutis.

« En fait, c'est que j'ai un problème.

– Je vous écoute, dites-moi.

– Je me drogue.

– Qu'est-ce que vous consommez ?

– Du crack. Pas seulement, mais principalement. Tabac et alcool aussi. »

Elle se renfonce dans son fauteuil. Ses yeux ne me jugent pas.

« Pour le crack, dit-elle, si vous arrêtez avant le terme des trois mois, il n'y aura pas de problème. »

Silence.

Tout va à cent mille à l'heure dans ma tête. « … Il n'y aura pas de problème. » C'est une scientifique qui dit ça. « Pas de problème. » Ma consommation passée et actuelle ne condamne rien. Si j'arrête avant le terme des trois mois… Qui sait ? Et s'il fallait le faire, cet enfant ? Si dans le fond, moi aussi j'en avais envie ? L'idée me semble folle, mais ce ne serait pas la première extravagance de ma vie, et de toutes les folies qui peuplent le monde, celle de la maternité est encore la plus commune, la mieux acceptée. Moi, Ashley, maman. Impensable hier encore. Mais aujourd'hui ? Peut-être ai-je assez de force pour ça ? Et puis mon corps est un soldat, cela je le sais. Je remue sur ma chaise, mes jambes sont électriques, je voudrais me lever, marcher, allumer une clope au lieu de rester vissée à ce bureau en formica blanc.

« Quelque chose ne va pas, madame Taïeb ? »

Peut-être la gynécologue a-t-elle deviné ce que je m'apprête à lui dire. Elle me fixe du regard et attend calmement. À ce jour, je ne peux encore expliquer rationnellement cet élan qui m'a saisie, et pourtant je m'élance :

« Docteure… En fait, je crois que je vais garder le bébé. »

Elle hoche la tête. Un discret sourire étire ses lèvres, m'invitant à continuer.

« Vous me promettez que si j'arrête le crack maintenant, il n'y aura pas de problème ?

– Je ne vous le promets pas. Je vous l'assure. »

Cette fois, c'est moi qui souris.

L'évidence. En cet instant, tout me paraît limpide. D'une clarté absolue. Je dois suspendre le crack ? Je vais suspendre le crack. Le temps de la grossesse, terminée, la drogue. Simple. Basique. J'y arriverai. Je ferai ce qu'il faut pour le bébé. Je me suis déjà prouvé par le passé que j'étais capable de volonté. Ashley la guerrière. Je me le prouverai à nouveau. Mais après l'accouchement… après, dès que ce sera possible, je recommencerai à fumer.

Chapitre 2

Ultrabranchée solitude
(Ibiza)

Je suis née d'un grand amour. Un amour de jeunesse fougueux, puissant. Une belle histoire, mais une histoire déjà écrite, emmaillée qu'elle était dans les fils de l'orage. Certains couples se nourrissent exclusivement de feu et d'essence. Tel était celui que formaient mes parents. Leur amour était si intense qu'ils ne pouvaient prendre le risque de la vie ordinaire. C'est sans doute à eux que je dois ça : la peur de la banalité, le dégoût métaphysique pour tout ce qui ressemble, de près ou de loin, à une existence rangée.

Marianne, ma mère, est blonde, mince, séduisante comme une Américaine, elle qui, à ses vingt ans, a vécu à Boston une véritable « conversion » physique et psychique. Aux États-Unis, elle a décidé d'offrir à ses cheveux la couleur du soleil, elle s'est mise au sport, à la diététique, elle a contrôlé son corps, son image, s'est affinée et a élevé la culture « healthy » au rang de religion. Elle est d'une élégance extrême, précise. Dans ma tête, je la surnomme Victoria Beckham, mais version blonde. Ce qu'a été sa vie avant ses vingt ans, je l'ignore. Elle est née à elle-même aux États-Unis, dans ce pays de démesure et de contrastes.

Mon père, Raphaël, travaille dans les affaires. Il est séduisant, sociable, brillant. Nul ne lui résiste. Son calme, qui se confond parfois avec la mélancolie – mais une mélancolie qu'il cultive, une mélancolie de poète qui n'a rien à voir avec la dépression –, est transpercé de temps à autre par un grand éclat de rire – une percée de soleil. Lui qui, par certains côtés, ressemble à l'acteur Jean Reno, aime à dire : « Je suis un chercheur d'or. »

Le 4 novembre 1992, dans la petite chambre d'une maternité du 93, alors que l'air déchire pour la première fois mes poumons, deux larges sourires se penchent sur moi. Des mains émues, des yeux qui brillent. Je crie au monde et qui sait, c'est peut-être un cri de joie : première enfant, unique enfant, de mes parents amoureux.

Je n'aurai pas un an lorsqu'ils se sépareront.

Ma mère se met alors en couple avec un architecte, Sébastien. Par le passé, il a investi dans le Minitel et fait fortune grâce à cela. Tous deux ont soif d'ailleurs, de légèreté, de succès, d'excès, de joyeuses bacchanales. Sébastien a de l'argent, il achète un immense terrain à Ibiza pour construire des villas. Nous déménageons au paradis des fêtards.

Ibiza. Trois syllabes qui contiennent du son, des images, des clichés. Tous les clichés ne sont pas faux, j'ai baigné des années durant dans un océan de musique électro. Ce n'est pas un hasard si la musique électronique constitue aujourd'hui la bande-son de ma vie.

Ibiza, monde à part. Autour de moi, les adultes flottent dans des soirées qui deviennent des journées puis redeviennent des soirées car là-bas, une soirée c'est un week-end. Ma mère et mon beau-père mettent des heures à se préparer, je les observe à la dérobée, intimidée, fascinée. Faire la fête est élevé au rang d'art, je comprends que c'est, contre toute attente, une affaire sérieuse, un projet qui engage. Moi aussi, quand je serai grande, je ferai la fête.

Ibiza, visage caché. Arpenter la beauté sauvage de l'île, sa flore luxuriante, est un plaisir profond.

Mais dans ces années-là, en vérité, j'arpente surtout ma peine et ma solitude.

À Ibiza, ma mère devient décoratrice d'intérieur, métier dans lequel elle excelle. Nous vivons dans une maison avant-gardiste, béton ciré et mobilier aérien. Régulièrement, Sébastien et elle me confient à des nounous ; ils sont rarement à la maison, préfèrent voyager ou s'adonner à ces fêtes qui les grisent. Ma présence est encombrante, et l'amour n'y peut rien. Les enfants doivent rester à leur place d'enfants. Je ne comprends pas tout mais j'observe. Les sautes d'humeur des adultes, leur cyclothymie, les montées énergétiques et l'impulsivité, le côté irrationnel de certaines réactions. Ils ont du feu dans les veines. Ils ne m'expliquent pas ce qui se passe. Au contraire, ils essaient de se cacher, mais je suis curieuse, parfois j'ouvre une porte, je les vois qui boivent et rient la tête renversée. Je les trouve beaux. Ils n'ont pas besoin de moi. Je referme la porte.

À cette époque, ma nounou préférée s'appelle Teresa. Elle est équatorienne. Sa petite taille et ses cheveux courts n'ont rien d'extraordinaire, à l'inverse de ses dents, taillées dans de la turquoise. Comme un rappel de la bande centrale ornant le drapeau de son pays. Teresa est douce avec moi, d'une gentillesse à faire fondre le cœur. Avec elle j'apprends l'espagnol, je joue, je me sens protégée. Tout l'inverse de Jessy, débarquée après Teresa. Jessy concevait le babysitting comme un moyen de se payer la *vida loca*. Une fois, alors que ma mère et Sébastien étaient en déplacement, elle m'a jetée dans sa voiture au milieu de la nuit, est partie danser dans un club électro en me laissant toute seule enfermée dans le véhicule. Une autre fois encore, je me suis retrouvée à 2 heures du matin dans un lieu inconnu, collée devant une télévision dans un salon aux lumières tamisées, pendant que des femmes et des hommes se croisaient dans un drôle de couloir en riant trop fort. Quand j'ai raconté cette histoire à ma mère il y a quelques années, elle est restée estomaquée. Jessy m'avait conduite enfant dans un hôtel de passe ? Impossible. Le tableau était tellement insupportable pour elle, aucune maman ne peut imaginer une chose pareille. Sans doute étais-je une « mythomane », d'ailleurs, il n'y avait jamais eu de Jessy pour me garder. Pendant un moment, troublée, je m'étais interrogée. Avais-je inventé cette histoire ? Étais-je une petite menteuse qui noircissait le tableau ? Ma mère m'avait rappelée peu après pour me demander pardon. Jessy avait bel et bien existé, elle avait oublié son existence pendant des années, mais à la suite de notre discussion son souvenir lui était revenu, brutal. Non, je n'affabulais pas. Malgré tout, j'avais douté de moi à nouveau.

La vie à Ibiza est pesante. Je me sens seule. La compagnie des adultes m'est plus familière que celle des enfants de mon âge, avec lesquels je ne sais pas comment me comporter ou bien qui m'ennuient. J'évolue dans un environnement saturé de discours, de réflexions sur l'art, la mode, omniprésente ici, la vie et le business, j'écoute, j'apprends, je joue les grandes pour être acceptée par ces adultes qui me semblent en vérité si étranges, si lointains. Ma mère, qui ne me parle qu'en anglais, est implacable en ce qui concerne les études : je dois travailler et réussir. Elle a raison ; cette exigence sera déterminante dans mon existence. Au CDI de l'école française, pas un recoin de la bibliothèque ne m'échappe, j'explore tous les rayonnages, poussée par un appétit et une curiosité insatiables, si bien que la documentaliste ne sait bientôt plus quoi me proposer. J'ai littéralement tout lu. Tout *dévoré*. Cette éducation romanesque laissera des traces indélébiles en moi. Mes modèles seront toujours littéraires. Mes valeurs profondes, littéraires aussi. De quoi nourrir de grandes déceptions pour l'avenir. Évidemment que la réalité sera toujours moins intéressante, moins intense que les pages les plus brillantes des plus brillants écrivains. Évidemment que je serai toujours en manque… À l'âge où mes camarades jouaient encore aux billes, moi, je contractais un bovarysme précoce. Je comprendrai plus tard que c'est à la fois une élection et une malédiction. Je ne me contente pas du réel tel qu'il m'est donné, je le reçois avec ses innombrables ramifications, ses zones d'ombre, ses souterrains, ses élévations, ses gouffres et ses pics. Cette impression de voir le monde en 5D a toujours été là ; il en résulte chez moi une pensée en arborescence qui se manifeste aussi par des troubles du déficit de l'attention et de l'hyperactivité (TDAH). Je peux me concentrer quatre heures d'affilée sur le rangement d'une armoire, et puis me disperser dans mille et une tâches sans jamais parvenir à me poser. Je supporte mal l'autorité et les injustices.

Souvenir d'une crise. Un jour que je fais preuve d'insolence, ma mère décide de me confisquer tous mes livres. Pour moi, ce n'est pas seulement une punition ; c'est une rupture. Sans mes livres je ne suis plus moi-même.

Un jour, lors d'une nouvelle rentrée scolaire, je rencontre Camille. Nous avons le même âge, elle est souriante, pleine de vie, je la trouve incroyable. Mon affection pour elle est immédiate, et proportionnelle à la solitude qui m'a toujours accompagnée. Avec la passion propre à l'enfance, je décide de tout lui donner. Nous inventons des histoires ensemble, je l'invite régulièrement chez moi, de même qu'elle m'invite chez elle. Elle adore ma mère et j'adore la sienne, qui nous prépare de bons petits plats, des pâtes avec du jambon et du fromage, des frites bien croustillantes, rien que des choses que nous aimons. Après le repas, nous allons jouer dans la chambre. On imagine des spectacles, on danse, on joue aux apprenties stylistes en créant des vêtements à partir des chutes de tissu récupérées dans la boutique de la mère de mon amie. La présence de Camille remplit mon cœur, un bonheur nouveau coule dans mes veines.

Mais beau temps ne dure jamais.

Le climat à la maison est orageux, j'ai l'impression de peser, de gêner, je m'en veux de ne pas être la petite fille rêvée. Ma mère fait de son mieux mais s'occuper d'un enfant est chronophage, et difficilement compatible avec des aspirations professionnelles et personnelles. Est-ce moi qui me fais cette idée ? Sans doute. J'en viens néanmoins à croire que ma maman serait plus heureuse sans moi, plus libre de ses mouvements. Que je le pressente ou que je l'invente de toutes pièces ne change d'ailleurs pas grand-chose : Ibiza me blesse, et même si j'adore Camille, je veux partir en France, je veux retrouver mon père. Lorsque j'informe ma mère de mon souhait, elle me répond par une lettre. Une lettre à sa fille de huit ans, qui dit : « Si tel est ton choix, je le respecte. »

Depuis que nous habitons aux Baléares, je vois mon père seulement lors des vacances, particulièrement celles d'été que je passe au Raincy, chez mes grands-parents paternels. Moune et Poune : le refuge. Depuis toujours mes grands-parents sont ma boussole, mon socle adoré.

Poune, tunisien d'origine, a commencé sa vie professionnelle comme plombier ; à la fin de sa carrière, il construisait des immeubles. C'est lui qui s'est occupé de ses frères, de toute sa famille, avec une humilité, un engagement et un souci de justice permanents. Avec lui, j'ai reçu les bases du judaïsme. Les belles tablées de Shabbat brillent encore dans ma mémoire. Il m'a inculqué l'importance du travail, l'humanité et la tolérance dont il faut faire preuve envers autrui.

Moune, ma grand-mère, est née en Algérie. Mais tout en elle est français. Elle est française, elle aime la culture française, elle incarne l'élégance à la française. Brillante, d'une intelligence admirable, elle nourrit une véritable passion pour les couleurs. Les vêtements de ses armoires sont classés par teintes et par nuances. C'est elle qui m'a ouvert les yeux sur la beauté de la nature, les reflets de l'automne dans la forêt, l'éclat d'un bouton d'or sur le chemin, elle encore qui m'a fait découvrir la profondeur de la musique classique. Elle sait trouver les mots qui apaisent, tout comme les petits gestes du quotidien qui ancrent. Ainsi du rituel du petit-déjeuner : tartines et café au lait en écoutant Mozart.

Dans le 93, la vie me semble douce par rapport à Ibiza, même si ma sœur de cœur, Camille, me manque. Je suis convaincue que rien ne pourra jamais nous séparer, pas même les 1 600 kilomètres de distance entre Paris et Ibiza. Pour me consoler d'être loin d'elle, je profite de mes grands-parents et de mon père. Les moments avec lui, assez rares du fait de son emploi du temps très chargé, sont des parenthèses lumineuses. Sa présence est un baume. Mon père réussit aussi bien dans la sphère professionnelle que personnelle, il a eu d'autres enfants et ne déteste pas superviser la tribu. Dans cet environnement joyeux, je ressens un véritable appétit de vivre. Et chez Moune et Poune, question appétit, je suis servie. Les placards de la cuisine sont grands ouverts, la table déborde de délices, tout est copieux, généreux. Entre mon huitième et mon neuvième anniversaire, la nourriture n'est ni un sujet ni un tabou. Sans m'en rendre compte, je change progressivement d'alimentation, je me régale et prends un peu de poids – un ou deux kilos peut-être.

Puis vient le retour à Ibiza.

J'ai neuf ans. Ma mère m'attend à l'aéroport. Quand elle me voit, elle ne parvient pas à réfréner un léger mouvement des lèvres. C'est fugace, quasiment imperceptible. Ses yeux se posent sur mon ventre. Elle ne dit rien. Elle m'embrasse, me prend par l'épaule. « Alors, Ashley, c'était comment, la France ? Tu as bien profité, dis-moi. »

Dans sa voix, il y a un mélange d'inquiétude et de déception. Je la regarde, elle, si belle, si fine. La perfection.

Soudainement, je me sens lourde.

Je l'ignorais encore, mais c'est à ce moment-là que ma vie a basculé.

Autrefois, à Ibiza comme au Raincy, j'avais droit à un goûter. Je décide de ne plus en prendre. Je me prive de moi-même, sans qu'on me demande rien.

Au restaurant, quand ma mère ou Sébastien me tendent le menu, je louche sur les pâtes au pesto, la paella, le steak-frites. Le goût délicieusement salé, la texture croustillante ou fondante s'invitent déjà sur ma langue. Les dents serrées, je commande pourtant une salade, et le sourire dans les yeux de ma mère me récompense de mes efforts.

La nourriture se transforme rapidement en obsession. Elle est vitale, elle est destructrice. Elle m'apporte du plaisir et elle me fait souffrir. Elle est l'horizon et la punition. Si je la contrôle, elle sera l'outil de ma réussite.

Il faut dire que partout, que ce soit sur les panneaux publicitaires, dans les vitrines des magasins ou dans les pages des magazines, je vois des corps toniques et sveltes, des femmes magnifiques qui ressemblent à ma mère, des corps qui posent une norme à laquelle je veux, je vais, je dois me conformer. Les joggeuses d'Ibiza, en minishort et brassière de sport, sont minces. Les naïades sur la plage sont minces. Les modèles féminins sont minces. Je ne peux donc pas être ronde, moi qui n'ai même pas entamé ma puberté.

Ma mère et moi n'abordons pas frontalement la question du rapport à la nourriture. Je me contente de l'imiter. Si elle commande au bar un café et une tartine de pain intégral, je commande la même chose. Parfois, cependant, la tentation est trop forte et je craque. Je déteste ces moments où ma volonté s'effondre. Je voudrais pouvoir me contrôler, hélas, l'appel du ventre est plus fort que moi. La frustration m'oblige alors à élaborer des stratagèmes. À l'école, il m'arrive de soudoyer les autres élèves pour manger leurs gâteaux. À la maison, je me cache pour croquer quelques Krisprolls. C'est souvent insatisfaisant, et c'est mal. Je dois mentir pour obtenir quelque chose d'interdit. J'ai tout faux. Je me sens malheureuse.

Ma mère me propose alors de faire du sport, qu'elle pratique elle-même à haute dose. Courir, courir, courir. Je me rappellerai toute ma vie cette course de dix kilomètres dans laquelle elle a voulu m'entraîner, atroce, mes poumons en feu, la trachée qui fait mal, le point de côté, les muscles qui tirent, le calvaire. Et surtout, la haine de mon corps défaillant. Je me suis écroulée au quatrième kilomètre.

Les mois passent. Mon rapport conflictuel avec la nourriture ne s'améliore pas. Vers onze, douze ans, je traverse ce qu'il faut bien nommer des épisodes dépressifs. Ma mère m'entoure d'affection, en vain. Sébastien essaie de m'apporter un peu de joie, faire du vélo, du bateau, écouter de la musique ensemble. Mais quelque chose est cassé. Dans mon corps, comme dans mon cœur.

Avec Camille, je vis l'équivalent d'un chagrin d'amour. Oui. Certains chagrins d'amitié valent largement les chagrins d'amour. Qui sait s'ils ne sont pas plus violents, plus marquants encore ? À mon retour de France, Camille n'a plus voulu de moi. Je n'ai pas compris. Pourquoi ? Qu'avais-je fait de mal ? Peut-être me trouvait-elle trop grosse ? Avait-elle honte de moi ? Je n'ai jamais eu de réponse. Je ne l'intéressais plus, c'est tout, et il n'y avait même pas eu besoin de mots pour le signifier. Quelque chose était cassé, vraiment. J'ai pleuré comme seuls les enfants savent pleurer, avec des larmes toutes rondes, lourdes comme des calots. Que me restait-il pour me consoler ?

Je suis retournée quelques jours au Raincy, pour les vacances. J'ai retrouvé la chaleur de mes grands-parents. Je n'ai rien dit de mon chagrin. Je me suis laissé choyer. J'ai mangé pour tromper l'ennui et la solitude. Mais à l'idée que ma mère me retrouverait quelques jours plus tard, à l'aéroport d'Ibiza, avec des poignées d'amour et des joues pleines ; à l'idée que je la décevrai de nouveau ; que, peut-être, comme Camille, elle non plus ne voudrait plus de moi, j'ai senti une peur panique me saisir. J'étais chez Moune et Poune. Je me suis enfermée dans les WC. Dans la cuvette, j'ai jeté mon passeport.

Chapitre 3

La fille dans le miroir
(Tel-Aviv-Istanbul)

Entre mes huit et mes quatorze ans, je passe toutes mes vacances scolaires chez ma tante en Israël, dans un kibboutz. Si Rebecca est la sœur de mon père, elle était autrefois également la meilleure amie de ma mère. C'est une femme joyeuse, fantaisiste. Une artiste. Chez elle la liberté est totale, qu'il s'agisse d'alimentation ou du quotidien en général.

Le kibboutz ressemble à un village hippie : tout le monde marche pieds nus, on ne s'habille pas, la laverie est commune. À la Maison de l'Art où je passe mes journées, je travaille la peinture et la céramique, j'invente avec Rebecca des suspensions colorées, des abat-jour, des sculptures. Dans ce monde où rien n'est contraint, j'évolue à mon aise, heureuse à nouveau, libérée par la pulsion créative qui irrigue mon cerveau. Je me fais des copains, j'échange avec les moniteurs en anglais.

Je ne regarde jamais la télévision. Les journées sont excitantes, dédiées à l'invention et à l'imaginaire, on ne me juge pas. Mais je sais que je vais bientôt revoir ma mère. Et ici, en Israël, j'ai mangé. Beaucoup. Ma volonté n'a pas résisté aux tentations si nombreuses. L'inquiétude me ronge. Je cherche des solutions sur Internet, je lis des articles, des blogs. Anna et Mia deviennent en très peu de temps des personnages incontournables de ma galaxie : Anna, pour Anorexie ; Mia, pour Boulimie. Car de nombreux sites jouent avec ces figures de l'excès. Je me reconnais en elles. Je me laisse prendre au piège. Un jour, je saute le pas et je me fais vomir pour la première fois. L'acidité brûle l'œsophage, la gorge, envahit le palais, tout sort et me voilà vidée, nettoyée, comme pure à nouveau. L'espèce de vague dans l'estomac est agréable, je me sens apaisée. Quelques secondes après, le mental se greffe sur la sensation, et je me le promets avec dureté, non, ce soir je ne mangerai pas. Mais demain ?

Quand je retrouve ma mère quelque temps plus tard, elle me propose une virée shopping toutes les deux. Nous partons en ville, entrons dans les boutiques. Je repère un jean, une robe, « vas-y, essaye-les » me dit-elle. Quand je sors de la cabine, elle soupire légèrement. Sourire triste. Elle n'a pas besoin de parler, je m'en rends compte toute seule en croisant mon reflet : rien ne me va.

Mon corps est celui d'une adolescente mal fichue. Je ne suis même pas sûre de voir mon corps dans le miroir. Ce que je vois, c'est une forme indécise qu'il me faut accepter comme étant « moi », que je n'identifie pourtant pas comme tel. Un souvenir revient alors me percuter. Camille et moi, enfants, avec Pablo, l'un de nos camarades. Nous répétions à la maison un spectacle de danse. Au moment d'aller me doucher, Pablo m'avait surprise nue dans la glace de la salle de bains. Il avait refermé la porte en disant qu'il valait mieux ne pas voir ça, « sinon je vais vomir ». Des années après, devant mon propre reflet, c'était moi qui avais cette méchante envie.

Pour noyer mes larmes ce jour-là, pour les dissimuler à ma mère, je me souviens d'avoir été à la piscine et d'avoir nagé longtemps sous l'eau.

Ensuite, tout s'est enchaîné. Une vie en zigzag, entre deux avions, entre deux pays. Je suis retournée vivre avec mon père et sa nouvelle compagne, Leïla, d'abord à Barcelone, où mon père avait créé une marque de vêtements urbains, puis à Istanbul où nous avons tous déménagé. Le climat familial était électrique. Après m'avoir tout d'abord accueillie à bras ouverts, le comportement de Leïla s'est peu à peu transformé. Dans le fond, Leïla était jalouse de ma mère et ne me supportait pas, sans doute parce que je la lui rappelais. À chaque dispute, les insultes pleuvaient sur moi. J'étais la mauvaise fille, celle qui tentait de séparer le couple que mon père formait avec elle. Je faisais le dos rond, ou bien je mentais pour me sortir de situations de plus en plus ingérables. Un jour, Leïla m'a dit : « Toutes les larmes que tu m'as fait verser, tu les verseras à ton tour en sang. » Je n'ai pas compris cette violence. Je me suis recroquevillée un peu plus sur moi-même. Où était passée l'harmonie des années précédentes ? Pourquoi la vie s'acharnait-elle à détruire ce qu'il y avait de beau ? J'étais désemparée. Nous vivions dans une crise permanente, tous alignés au bord du précipice.

En moi, l'enfance s'efface doucement. Je deviens une jeune fille. Un soir, je suis invitée à une soirée. Enfin, une soirée ! Le souvenir des nuits d'Ibiza a tant et tant pétri mon imagination que je me sens prête à toutes les audaces. Il faut dire que l'Istanbul de ces années-là est terriblement festif, avide d'ivresse et d'expérimentations. J'ai quatorze ans et je bois. Beaucoup. L'alcool me brûle la gorge, mais cela ne m'arrête pas. Le cannabis circule, je fume. Et puis un ami d'ami, vice-champion de Turquie de body-building, me propose de la coke. C'est si facile ; il suffit de dire oui, merci, d'accord. Ma première trace de coke, je l'ai faite ce soir-là, à quatorze ans. Tout est allé très vite. Images stroboscopiques. Mon cœur s'est mis à battre à toute allure, il serait sorti de ma poitrine que je n'aurais pas été étonnée. Les murs tanguaient. Je me rappelle avoir été prise de logorrhée, je parlais, parlais, parlais, refaisant le monde avec une conviction et un entrain inébranlables, tout en ayant l'impression d'un grand souffle d'air, oui, je me sentais grandie, séduisante, confiante, inarrêtable. J'ai ressenti également une soif épouvantable. Je suis sortie de cette immense boîte de nuit en plein air, comment, à quelle heure, impossible à dire. Je me souviens juste d'avoir bu l'eau d'une fontaine, avant de rentrer chez moi et de me jeter sur du blanc de poulet qui traînait au frigo. À la maison, personne ne s'est rendu compte de rien.

La drogue ne m'avait pas tentée par goût de la défonce. La drogue s'était imposée à moi pour m'éviter l'exclusion. C'était l'unique moyen pour moi, l'adolescente solitaire, d'appartenir au groupe. On a tous des raisons de succomber, de céder à ce qui nous détruira. Moi, derrière ma façade de fille indépendante, qui se moque bien qu'on l'aime ou non, j'avais besoin de ça : rallier un groupe. Tous les moyens pour y parvenir étaient envisageables, même s'ils ne me réjouissaient pas. Dans le fond, la seule drogue qui me plaisait, et qui me plaît toujours, c'est la cigarette. Parce qu'elle est l'accessoire de mes idéaux et qu'elle véhicule une image que je chéris : celle de l'artiste. Les grands écrivains, les grands acteurs, les grands peintres. Tous la clope au bec. Lorsque je fume, je compose mon propre personnage littéraire et j'aime ça.

Le combat contre mes démons a commencé. Je suis entrée dans une période d'alternance entre boulimie et anorexie, renforcée sans doute par mon conflit avec Leïla, qui tenait le foyer par une cuisine délicieuse et un sens abouti du banquet. En journée je m'affamais. Le soir tout me poussait à dévorer. Mon père, quand il me voyait tomber dans des orgies de viande, de plats en sauce ou de fromage, soupirait. Il ne critiquait rien mais devinait l'étendue de mon mal-être, sans pouvoir y remédier. Chaque jour je me sentais étouffer un peu plus. Le foyer, l'idée même du foyer m'est devenue intolérable. L'angoisse m'accablait dès que je rentrais du collège. En franchissant le seuil de la maison, j'entrais dans l'heure de la dualité, ce moment où tous mes efforts de la journée pour ne rien avaler seraient pulvérisés en quelques minutes par les marmites fumantes de ma belle-mère. Je passais des heures sur les machines elliptiques de la salle de sport, je me faisais régulièrement vomir. Anna et Mia, mes nouvelles compagnes. Plus rien n'allait.

Ce qui devait arriver arriva. Un jour, il y a eu la crise de trop, un accès de jalousie violent, injuste. J'étais prise malgré moi dans la tempête – la mauvaise fille, toujours. Leïla ne me supportait plus. Elle pensait que je lui voulais du mal. Du jour au lendemain, elle a exigé que je quitte la maison d'Istanbul. « Tu prends tes affaires et tu te barres. » Mon père ne s'y est pas opposé. Résignée, désolée. Ma sidération est sans limites. On me jetait de chez moi. On se débarrassait de moi, pourtant mineure. Que faire ? Retourner à Ibiza n'était pas une option tant je craignais de reproduire avec ma mère et mon beau-père une situation également invivable. Je me sentais perdue, abandonnée. Écrire ces mots sur le papier me serre encore le cœur aujourd'hui. Ce sont Moune et Poune qui m'ont fait rentrer en France. Avec tendresse, ils m'ont accueillie dans leur maison du Raincy et ont pris soin de moi. Moune et Poune, toujours là pour moi. Mais la tristesse était générale. « Qu'est-ce qu'on va faire avec Ashley ? » Après un long flottement, j'ai compris qu'il était temps de trouver une solution, d'agir, de me prendre en main, et de le faire seule puisque mes parents ne pouvaient pas me garder près d'eux. J'ai décidé que ma vie serait ma plus belle entreprise. La plus belle, vraiment, puisque j'en serais la patronne. Je monterais un plan de bataille pour mes études, je choisirais les meilleures filières, et surtout, je ne resterais pas avec la tristesse de Moune et Poune fichée au creux du cœur. Pour eux, pour moi, je m'assumerais en autonomie. Ma volonté serait mon cheval ailé.

Chapitre 4

Petit soldat
(Israël)

Des heures de recherches. Des tableaux comparatifs. Presque une étude de marché. Après avoir passé des jours et des nuits sur Internet pour dénicher l'établissement scolaire qui me conviendrait le mieux, mon choix se porte sur un internat de Tel-Aviv. Retour en Israël, non loin de ma tante Rebecca, mais cette fois avec un programme clair : réussir mes études. Ma mère m'accompagne au début pour m'aider à m'installer. Elle est ravie, elle m'encourage dans cette voie et soutient mon projet. Je débarque dans un petit internat de cinq personnes et me lie aussitôt d'amitié avec mes deux colocataires. Sarah est une grande brune au regard franc. Debora est plus petite, plus excentrique. Fous rires, bêtises, confidences, partages, au début, la vie de lycéenne me fait un bien fou. J'ai la sensation d'un nouveau départ, compteurs à zéro, ici, tout est possible. Tel-Aviv est une ville à part. J'aime son énergie vibrante, ses immeubles Bauhaus, ses habitants rieurs qui semblent se mouvoir dans la vie avec un sourire espiègle dans le fond des yeux. J'aime apprendre. Je ne cesse jamais de lire. Sarah et Debora, elles, sortent souvent. Les bars, les restaurants, les amourettes de lycée, la plage, la jeunesse... Je suis de la même génération qu'elles et pourtant je me sens de plus en plus en décalage. Nos histoires familiales sont si différentes que je me fais l'effet d'une extraterrestre. Alors, peu à peu, mes démons reviennent, insidieux. La présence constante des autres apporte de l'allégresse, c'est entendu. Elle me met aussi des bâtons dans les roues. Prise dans la dynamique du groupe, je suis forcée de manger, petit-déjeuner, déjeuner, dîner, donc je grossis. Et je ne m'autorise pas à me faire vomir car mes colocataires le verraient. Encagée par le regard des autres, je déteste à nouveau mon corps. J'essaie de prendre sur moi, mais très vite la situation ne me semble plus tenable. Il faut procéder autrement.

La solution s'impose à moi : je dois vivre seule, car seule je peux contrôler mon alimentation. Je désire forger ma volonté comme on forge l'acier. Avant mes dix-sept ans, je quitte donc l'internat et dégotte, avec l'appui de ma mère, un studio à Florentin, quartier de contrastes où les ateliers d'artistes côtoient les petites usines industrielles. Le bac, je le passerai en candidate libre, grâce aux cours du CNED. Je me promets d'y arriver et m'accroche à la petite voix en moi qui répète : « À toi de jouer. »

De la discipline. De la détermination. Une forme d'orgueil. Je m'inflige volontairement un emploi du temps militaire. C'est décidé, je vais maigrir pour de bon. Tous les moyens y passent : produits amincissants, compléments alimentaires, repas pharmaceutiques hypocaloriques. Je me mets à la course, comme un défi lancé à la petite fille d'autrefois qui n'avait pas réussi à courir les dix kilomètres. Je cours et je n'aime pas ça, j'ai mal aux tibias, mal aux pieds, mal au dos. Je continue. Je cours en pleurant, je cours sous le soleil ou sous la pluie, et ce n'est pas à la course que je deviens addict, mais à la volonté que je manifeste en dépassant la douleur. Régime. Sport. Études. Je me bats contre moi-même et bientôt je peux récolter, triomphalement, les lauriers de ma victoire : je suis passée du 42 au 36. Me voilà armée : ma maigreur est mon bouclier, ou mon épée, je ne sais pas trop, je ne crains plus le regard des garçons, je fais du 36, je suis désirable.

Une nuit, dans un bar, je croise un homme plus âgé que moi, brun, envoûtant. La petite voix intérieure m'encourage de nouveau : « À toi de jouer. Vas-y, lève-toi, c'est le moment. » Je l'écoute docilement. Je me lève et m'approche de l'homme, qui tire le tabouret pour que je prenne place près de lui. Les verres s'enchaînent, nous parlons, nous nous avouons certains de nos secrets, nos peaux se frôlent, je me sens belle puisque je suis mince, et tout dans l'attitude de l'homme me le confirme, son sourire, ses yeux qui brillent, l'attention qu'il m'accorde. Nous nous embrassons alors que le bar va fermer. Cette nuit-là, je fais l'amour pour la première fois. En aurait-il été de même si je portais un jean 42 ?

Avec le temps, j'ai appris à faire illusion. Je me souviens d'ailleurs d'avoir été marquée par un film intitulé *L'Illusionniste*, vu avec mon père des années plus tôt. Mais l'illusion est un mirage, et si je parais forte, détachée, en pleine maîtrise, ce n'est pas pour autant que j'ai confiance en moi. Éduquée en matière amoureuse par la série *Sex and the City*, je m'applique à jouer la femme inaccessible, indifférente aux hommes. La vérité est que je crève de recevoir un SMS de l'être aimé, ce que je n'avouerais pour rien au monde. Pour tenir mon univers et éviter qu'il vole en éclats, je redouble d'efforts dans mes études. Le bac arrive, je passe les épreuves en candidate libre. Moi qui stagnais à 4 de moyenne en maths, je décroche un 19/20. Mention Bien. J'appelle ma mère pour lui annoncer l'heureuse nouvelle, elle me félicite chaleureusement. C'est une confirmation : si je veux, je peux. Je suis capable de plier le réel à ma volonté. Le sentiment d'ivresse est extrême.

L'été 2009 ressemblera d'abord à une fête sans fin. Je trinque à mon diplôme et à ma jeunesse avec mon amoureux sur la plage de Tel-Aviv. Moi qui n'aime pas spécialement la côte, associée dans ma mémoire à Ibiza et au sentiment de solitude, je redécouvre la splendeur de l'eau, je fais la paix avec les flots, je me réconcilie avec la mer. L'énergie aquatique me transporte, c'est délicieux, quasi métaphysique. Le matin, mon petit copain et moi achetons des cookies chauds à l'ouverture des boulangeries, que nous dévorons les fesses dans le sable. Les soirées sont chaudes, les nuits infinies. À cela s'ajoute un grand festival de musique auquel nous participons avec ferveur. Là, tout me semble beau, fluide ; le malheur n'a jamais existé.

Le malheur, pourtant, se rappelle à moi. Je flotte dans la douceur estivale quand je reçois un matin un coup de fil de ma mère. Sébastien est au plus mal, m'apprend-elle, rien ne va, elle-même est à bout, « c'est compliqué, vraiment compliqué ». Bien qu'elle s'efforce de ne pas me transmettre son angoisse, je perçois son inquiétude. Il n'y a pas de question à se poser. Elle a besoin de moi. Je fais le choix d'aller la retrouver à Ibiza. Quitter mon amoureux en pleine idylle est un crève-cœur mais qu'y puis-je ? Le devoir m'appelle, n'est-ce pas ? Je saute dans le premier avion pour les Baléares. Je ne suis pas encore majeure, pourtant c'est à moi qu'incombe la tâche de protéger les adultes. De veiller sur eux, comme un soldat. C'est du moins l'histoire que je me raconte ce matin-là. Car à cette époque, le syndrome du sauveur m'était encore inconnu…

Chapitre 5

À l'autre bout de moi
(Australie-Asie)

Parfois, dans la vie, quand tout va mal, la seule solution consiste à s'éloigner. Prendre le large, croire que l'on peut tout réinventer ailleurs, à commencer par soi-même. J'ai toujours voyagé, mes racines sont multiples, je suis constituée de mille éclats d'exils. Je ne l'ai pas choisi, c'est ainsi. Je sais maintenant que cela me donne de la force : je suis capable de m'adapter à des environnements extrêmement différents, je parle cinq langues, je n'ai pas peur de rencontrer des nouvelles personnes, de changer de paysages, de culture. Un vrai caméléon.

Après une période de transit chez Moune et Poune, éternel ancrage, je décide de me tourner vers les antipodes. L'épisode israélien est derrière moi, adieu mon amoureux, je ne me suis inscrite dans aucune université, je n'ai pas de nouvelles de mon père et de sa compagne Leïla depuis le bannissement d'Istanbul, j'ai aidé ma mère de mon mieux à Ibiza mais ne peux faire davantage. Il vaut mieux partir à l'aventure. Dès que j'aurai réuni un peu d'argent, je partirai en Australie. Le nouvel Eldorado. Le pays de tous les contrastes. L'idée de traverser le globe me met en joie. Qui sait à quoi ressemble la vie là-bas ? Pour ce faire, je travaille un mois chez l'un de mes oncles, en région parisienne, et mets de côté de quoi me payer un billet aller Paris-Sydney. Juste l'aller. Pour le retour, on verra bien.

Sydney m'offre ma première grande claque. Les buildings immenses, l'Opéra ultramoderne, iconique et pourtant très petit, posé au bord de l'eau, le fourmillement des rues, cette sensation d'être à la fois en Europe, en Asie, et en Amérique à l'autre bout de la Terre, sur une île-continent cernée par les requins. La nuit, j'adore me promener seule et errer au gré de mon humeur. Je laisse mes pas me porter, je me dissous dans une réalité revigorante. Les Australiens sont à la fois ouverts, cool, et étonnamment rigides. En anglais, on dirait « *square* », carrés : là-bas, il y a ce qu'on peut faire et ce qu'on ne peut pas faire. La police et la douane sont prêtes à le rappeler si besoin. Être au bout du monde me réjouit. Je dors dans une auberge de jeunesse, je vis sans trop calculer, je profite. Jusqu'à ce que le manque d'argent me rattrape. Pas le choix. Il va falloir que je travaille.

Je rencontre alors deux Parisiens très sympathiques qui me proposent de les suivre à Darwin, la capitale du Nord. Là-bas, paraît-il, les salaires sont mirobolants, et les opportunités de travail coulent à flots. J'accepte car ici, je commence à m'ennuyer. Darwin est une ville hostile, peuplée de crocodiles, constamment écrasée par la chaleur, quand ce n'est pas la mousson en hiver. Là-bas, je trouve un poste de serveuse au restaurant gastronomique du casino. Moi qui n'ai jamais servi une table de ma vie, je me retrouve à servir à l'élite australienne et asiatique des vins qui coûtent le salaire moyen d'un Français. L'expérience est fascinante. J'évolue dans un monde sans fenêtres où le temps semble suspendu, immobile. Les jeux ne m'attirent pas, je n'ai pas cette pulsion-là, mais j'observe les joueurs vissés aux fauteuils des machines à sous, en sueur, figés dans l'attente, si souvent déçue, du jackpot qui changerait leur vie. J'imprime dans ma mémoire les visages crispés de ceux qui scrutent les mains du croupier aux tables de blackjack ou de poker, la contraction des mâchoires, le corps tendu vers une hypothétique fortune. L'appât du gain, chez moi, est beaucoup plus basique : il se confond avec la nécessité de gagner un salaire de façon autonome. Quitte à sortir un peu des clous. En acceptant de me mettre topless pour jouer les barmaids, je gagne jusqu'à 150 dollars de l'heure. À mi-chemin entre un bar de campagne et une alcôve burlesque, je suis enchantée et enivrée par les créatures colorées que j'y rencontre… Ils m'ouvrent à un univers de liberté, d'audace, et de légèreté qui contraste avec le cadre guindé dans lequel j'évolue au casino. Au bout de quelques mois, je suis assez riche pour quitter Darwin sans forcément avoir d'envie particulière quant à ma prochaine destination. À l'heure où tout le monde ne jure que par la côte est et les plages de surfeurs paradisiaques, je préfère suivre Franki à Perth, dans le sud-ouest du pays. Cette Allemande à l'apparence très sobre me séduit par son humour et son intelligence. Lorsqu'elle me conte autour d'un café son histoire d'amour impossible avec un Canadien qu'elle s'apprête à rejoindre en van pour lui déclarer sa flamme éternelle avant qu'il ne quitte l'Australie pour toujours… la question ne se pose pas, bien sûr que je l'accompagne ! Direction Perth, dans le sud-ouest du pays. Là, je suis prise dans un hôtel comme manager, où je fais la connaissance d'un certain Jack, irlandais d'origine. Jack est séduisant, bel homme, il possède un humour pince-sans-rire que j'affectionne particulièrement. Je dois lui paraître originale. Entre nous, les débuts sont hésitants. On se cherche, on s'éloigne, désireux que nous sommes de préserver notre liberté de voyageurs sans attaches. Mais le moment de grâce finit par arriver : à la suite d'une énième remise en doute, Jack se positionne. « Ashley, je ne veux plus que l'on soit séparés. » De là, tout va très vite. Nous tombons amoureux. Nous nous installons ensemble.

Jack est paysagiste, il a un emploi stable, une famille normale, un comportement normal, une existence normale. Poussée à mon tour par la tentation de la normalité, je change de métier, déniche un spot touristique où les gens viennent se restaurer. Pour eux, je conçois des menus végétariens aux mille textures et couleurs. Je crée, j'invente. Sur le papier, tout va pour le mieux, le quotidien est simple, très doux, j'en conçois presque un syndrome d'imposteur de la chance. Depuis quand la vie est-elle de mon côté ? Depuis quand les choses sont-elles si faciles ? Moi qui suis abonnée aux galères, je finis par trouver inquiétant ce quotidien trop heureux. À quand la rechute, la nouvelle déception ? J'essaie de ne pas créer de drames, de me couler dans la fabrique des jours. Rien à faire. Le temps passe et il ne se passe rien. L'ennui s'installe. L'existence avec Jack me semble de plus en plus fade. Les idées noires reviennent. Mon rapport au sport et à l'alimentation demeure conflictuel. Je lutte contre moi-même. Je fais tout pour le cacher à Jack, mais la réalité est implacable. Le combat n'a pas cessé. Dans ce quotidien un peu plat, il constitue même mon occupation première et je n'en sors pas vainqueur. Progressivement, je repasse du 36 au 42.

Cette vie trop lisse, il me faut la fuir. À nouveau. Marre de l'Australie. Marre de Jack, l'homme-trop-parfait. Besoin d'être seule. Pour marquer ce virage, je me fais couper les cheveux au carré et me teins en rousse. « Jack, je vais partir. Dans deux jours je serai en Malaisie. » Jack ne comprend pas, qu'est-ce qu'il a fait de mal, est-ce qu'il y a un problème ? Non, tu n'as rien fait de mal, non il n'y a pas de problème, je dois partir, c'est tout. Peut-être croit-il que je reviendrai. S'il le croit, il se trompe. À cet instant, la seule chose qui compte pour moi est l'imminence du voyage. À l'aéroport, Jack pose un baiser sur mes lèvres en me souhaitant un bon vol. Je le remercie, passe une main dans ses cheveux. « Donne mes affaires qui restent » sera la dernière phrase que je lui dirai.

Australie-Malaisie, plus de sept heures d'avion. Je suis dans un état second, soulagée et triste à la fois. Il y a quelque chose de funeste dans mon corps, dans ma tête. Après la netteté de l'Australie, à Kuala-Lumpur, je déteste tout. La saleté est indescriptible.

Des policières voilées me regardent de haut. L'air est saturé d'angoisse. Je ne me sens pas à ma place, presque en danger. Malaise en Malaisie. Ce pays m'est hostile. Je ne peux pas rester là plus longtemps. Cap sur la Thaïlande. Là, l'impression globale m'est plus favorable. Bangkok est une fourmilière qui mêle modernité et patrimoine. Métros aériens, embouteillages et petits canaux traditionnels… Centres commerciaux et temples bouddhistes… Je sillonne la ville avec mon petit sac à dos. Ce qui est dur, c'est de voir tous ces touristes en couple arpenter les rues, les gargotes ou les grands magasins. Ils font tout à deux, ils ont l'air heureux, ils semblent savoir pourquoi ils sont là, tandis que moi, seule par choix, à mille lieues d'un Irlandais qui m'aime toujours et qui m'attend, je ne comprends plus rien à rien. La mélancolie s'abat sur moi. Pourquoi ne puis-je pas faire comme eux ? Pourquoi tout est-il toujours si lourd, si pesant ? Je me sens malheureuse. Alors je mange. Je dévore. Et j'enfle. Je suis en train de perdre le combat contre ma propre volonté, et je me déteste pour ça.

Un soir, je me retrouve couchée à même le parquet de ma chambre d'hôtel, le ventre tordu par d'horribles douleurs. Des aiguilles s'enfoncent dans ma chair, j'ai l'impression d'avoir été empoisonnée. D'une certaine manière, c'est ce qui s'est passé : naïve que j'étais, j'ai bu de l'eau à même le robinet, de l'eau non potable évidemment. Les bactéries m'attaquent de l'intérieur, je ne sais pas comment me défendre. Pendant plusieurs jours, je ne décolle pas de ma chambre, plaquée au sol par la souffrance. Bangkok ne sera pas non plus mon havre de paix. Je me décide alors à rejoindre un ami australien à Pai, petit village dans le nord de la Thaïlande, dont on m'a dit tant de bien. J'aspire à autre chose. Je veux vivre quelque chose de plus grand, de plus profond. Une fois remise sur pied, je décide de reprendre la route, cette fois-ci en direction de la Birmanie, dont on m'a dit tant de bien.

L'éblouissement. Là, oui, la paix enfin se glisse en moi. Tout dans ce pays m'émerveille. La nature est puissante, envoûtante. Il y règne un calme, une sérénité qui n'ont rien de mensongers. Nouvelle aventure que l'on me propose, Annie, une Anglaise aux traits de fée avec qui je m'étais liée d'amitié, m'invite à partir en scooter, arpenter les routes environnantes. Nous nous engageons dans un véritable road trip, et nous nous retrouvons, de fil en aiguille, en Birmanie. Au bout de quelques jours, je trouve refuge dans un monastère bouddhiste posé dans un écrin émeraude, non loin d'un village. Ce n'est pas un lieu touristique, mais un lieu ouvert au commun des mortels, avec un poulailler, un enclos, un jardin. À mon arrivée, les moines me soumettent un pacte :

« Si tu veux rester, reste. Mais tu devras faire vœu de silence pendant trois semaines. » J'ai dit oui, et puis je n'ai plus rien dit, j'ai respecté le vœu.

Le matin est consacré à l'aumône et à la méditation. L'après-midi aux promenades en solitaire, dans lesquelles je m'ennuie autant que je puise de la force et de l'énergie. L'austérité bouddhiste m'arrache à mes doutes, à mon esprit toujours tenté d'anticiper sur tout. Parce que ici je n'ai le choix de rien, surtout pas celui de la nourriture, le menu étant le même pour tous – du riz, du thé, des légumes, des fruits –, je me coupe de l'angoisse de devoir choisir. C'est une définition du repos. J'apprends à faire le vide dans ma tête. Assise en tailleur, je lutte contre la sensation de gêne. La position est d'abord douloureuse, contraignante, jusqu'à ce que mon corps s'abandonne et s'épanouisse, redéfinissant son propre confort. Par un jeu de vases communicants, mon esprit se libère progressivement. Il y a quelque chose de ludique dans cette expérience, mais pas seulement. Sans comprendre véritablement ce qui se passe au fond de moi, je ressens une forme d'ouverture, une attention particulière pour le vivant, qu'il soit humain, animal ou végétal. Et un goût singulier pour la solitude. Une solitude sereine, ressourçante.

Pour conserver une trace physique de ce grand voyage, je décide de me faire faire un grand tatouage. Pendant huit heures je resterai allongée, immobile, pendant que l'on me gravera au bambou, dans le dos, la déesse éléphante à trois têtes. Erawan, qui porte le dieu Indra, symbole de la sagesse, est le motif qu'a choisi pour moi le moine tatoueur : une divinité de protection. Je les ai laissés faire, je me suis abandonnée à leur instinct, je leur ai fait confiance. Dans cette salle au carrelage blanc, anti-poétique en diable, où un chien borgne est venu me lécher la main, j'ai senti chaque trait percer ma peau, chaque incision la faire saigner. Je n'ai pas bougé. Une fois de plus, ma volonté m'offrait une forme d'ivresse.

Parvenir à contrôler mon esprit et mon corps. Enfin. Cela faisait bien longtemps que je n'avais pas été fière de moi ainsi. Une fierté sans arrogance, confondue avec un sentiment de plénitude. Un élan d'amour que je ressens de nouveau le besoin de partager. Mais avec qui ? L'image de mes anges gardiens s'impose aussitôt. Moune et Poune. Ils me manquent tellement.

L'heure des retrouvailles a sonné.

Adieu l'Australie, adieu l'Asie.

Retour au Raincy.

Chapitre 6

L'expérience hippie
(Brésil)

Il faut chérir les premières fois. Toutes les premières fois. Elles sont étincelantes parce qu'elles sont uniques. En grandissant, cette fragilité précieuse contenue dans les premières fois s'est muée en objectif à atteindre, et à renouveler. D'une certaine manière, je ne rêvais que de ça : tout vivre une fois, pour voir, pour expérimenter. Goûter chaque nouveauté comme un mets rare et très cher. Après quelques semaines d'escale chez mes grands-parents, j'ai de nouveau posé mon doigt sur l'atlas du monde. Rio de Janeiro.

Le Brésil présentait une dimension fantasmatique à mes yeux. Ma mère s'y était souvent rendue en vacances avec Sébastien lorsque j'étais enfant. Je n'avais pas eu le droit alors de les accompagner, et ma frustration s'était teintée d'idéal : quel pays cela devait être, quel paradis. Un monde immense, sensuel et sans tabous, qui me faisait rêver. C'était là que je devais aller.

Avec quelques économies en poche, j'ai donc débarqué à Rio. Les buildings et la plage, Ipanema, Copacabana, le Corcovado… Le Brésil, c'était d'abord ça, des noms chantés depuis l'enfance, des morceaux d'exotisme. Je logeais dans une auberge de jeunesse qui faisait également galerie d'art. Côtoyer des artistes me mettait en joie, moi qui aime tant la création. Tout me semblait neuf, intéressant. Et puis onéreux, aussi. Contrairement à ce qu'on pourrait croire, Rio de Janeiro n'est pas du tout une ville bon marché. La moindre dépense renvoie à une échelle parisienne, déraisonnable. Il faut compter, faire attention. Très vite, j'ai eu peur de manquer d'argent. À l'intérieur de moi se disputaient sans cesse une cigale et une fourmi incapables de s'entendre. Je devais économiser pour pouvoir dépenser. Et puis j'ai lu un livre. Peut-être devrais-je dire un totem, un ami. *L'homme qui renonça à l'argent*, de Mark Sundeen. L'ouvrage relate le parcours hors norme d'un homme, Daniel Suelo, qui décide un matin d'abandonner tout l'argent qui lui reste, à savoir trente dollars, dans une cabine téléphonique, pour entamer une vie nouvelle. Depuis l'an 2000, Suelo refuse tout acte économique ; ni troc, ni impôts, ni aide sociale. Il se nourrit de plantes sauvages, récupère de temps en temps des restes alimentaires, accepte ce que les gens lui donnent sans rien demander ni offrir en retour, porté par une quête de sens radicale. Pour moi, cette histoire est un choc. Elle incarne la liberté, l'émancipation absolue. C'est un miroir qui m'inspire. En refermant le livre, je décide à mon tour de changer de vie. Je ne dépendrai plus du système économique, je serai Suela. Je laisse alors toutes les affaires que j'avais à Rio, chez une connaissance. *Adeus !* Le cœur léger, sans la moindre pièce de monnaie et avec un paréo pour tout bagage, je parcours le pays en auto-stop, d'abord avec une amie, puis ensuite seule, sans aucune idée de ma destination finale.

Un jour, un camionneur me dépose sur une route déserte au milieu de nulle part. Il m'indique un sentier qui s'enfonce dans un paysage sauvage, légèrement inquiétant – des marécages sans doute. « Allez là-bas ! Vous y trouverez plein de gens comme vous... » me dit-il. Je me sens partagée entre l'impression de vivre une scène d'un mauvais film d'horreur et une confiance infinie dans le chemin à suivre, ce que j'appelle « mon vent ». Je prends le risque de m'aventurer sur le sentier et débarque sans trop y croire dans un lieu magique.

Arembepe. Peut-être le village hippie le plus célèbre du Brésil. Une multitude de huttes posées en bord de mer, construites avec de l'argile, des pierres et des tessons de verre. Un lieu peuplé de Brésiliens, d'Espagnols, de Colombiens, dans lequel flottent encore les grands esprits du rock, de Janis Joplin à Mick Jagger. Au centre d'artisanat, je travaille le cuir et la peinture, je coupe des lianes trouvées au sol pour en faire des cordes à sauter, je passe du portugais à l'espagnol dans la même phrase sans m'en rendre compte, je rencontre des êtres que je comprends, en quête d'un mode de vie alternatif. Je n'ai pas d'argent, pas de téléphone, c'est à peine si je me rends de temps à autre dans un cybercafé pour envoyer des mails à ma famille. Je dévore le présent. Comme tous ceux de la communauté, je vis d'amour, d'eau fraîche… et de LSD. La consommation d'acide sur la plage s'imprime dans ma mémoire comme un instant de grâce. J'y trouve de la beauté, de la poésie. C'était la première fois que j'en consommais, et j'ai aimé ça. Une nuit aussi, j'ai pris de la MDMA en regardant les étoiles et j'ai eu la sensation d'une communion parfaite avec le cosmos. Je ne dis pas que c'est bien, je ne dis pas que c'est mal, je n'incite à rien ; c'était ma vie d'alors, voilà tout.

Malgré la douceur de cette existence bohème, je reste vulnérable. Tapies dans l'ombre comme les monstres sous le lit des enfants, mes angoisses persistent. L'équilibre caressé en Birmanie s'est peu à peu effrité, mes pulsions addictives demeurant toujours vivaces. Le désordre de mon comportement alimentaire ne disparaît pas. Souvent, je me couche très tôt, prétextant que je souhaite me lever aux aurores le lendemain afin de voir le lever du soleil. La vérité est que je fuis le moment du dîner. Manger en groupe, comme à Tel-Aviv autrefois, représente un danger pour moi.

Au bout de sept mois de cette vie-là, je sens le vide me reprendre, m'aspirer. Il me faut un nouveau défi, un nouveau projet. La vie à Arembepe m'a donné tout ce qu'elle pouvait, j'ai écumé les festivals, j'ai même vendu de l'ecstasy à des locaux, moi, la *gringa* en goguette. Mais demain ? Je suis incapable de dessiner une trajectoire précise, aucun métier fixe ne me tente, mon quotidien est éclaté. Ma rencontre avec une jeune Française, Alice, qui veut monter une entreprise dès son retour dans l'Hexagone, m'offre une porte de sortie. Elle souhaite importer des vêtements et des artefacts de Bali et de Thaïlande pour les vendre au Brésil. Ensemble, nous monterons cette boîte à Paris, où elle vit. Je trouve le projet excitant. Je ne manque ni d'idées ni d'énergie. Banco pour l'entrepreneuriat !

J'ai dénoué mon paréo, je suis rentrée à Rio, j'ai récupéré mes affaires et repris un billet pour Roissy. J'avais tenté l'aventure hippie, j'avais adoré ça, mais force était de constater que je ne serais pas la femme ayant renoncé à l'argent. Avec douceur, j'ai dit adieu à Suela.

Chapitre 7

Les feux de la nuit
(Paris)

Malgré toutes les déceptions de ma vie, je dispose d'une inépuisable réserve de candeur. Je ne sais pas comment nommer les choses autrement. Peut-être est-ce seulement l'envie d'y croire, l'espoir. Peut-être est-ce aussi une forme de clémence à l'endroit des autres : laisser sa chance à chacun, prouver au monde que rien n'est figé, ni Bien ni Mal. Accepter de prendre des risques parce que la vie c'est cela, précisément, c'est cette intensité-là.

La candeur m'avait aveuglée.

Alice, l'entrepreneuse rencontrée au Brésil, ma future associée, ne vivait pas à Paris, mais à Chartres. Elle n'habitait pas un bel appartement, mais un vieil HLM. Elle ne travaillait pas, mais pointait depuis des lustres à Pôle Emploi.

Elle s'était inventé une vie. C'était humain. Triste, mais humain.

J'ai fait une croix sur notre projet.

Je lui ai dit au revoir.

J'ai quitté Chartres et suis rentrée au Raincy.

Et maintenant ? Que faire ?

Région parisienne, pas d'autres diplômes que le bac, mes livres, mes idéaux, ma soif d'absolu, ma volonté, mes pulsions alimentaires. Moune et Poune toujours prêts à aider et mes parents que je ne veux pas solliciter, car je ne pourrai pas dépendre des autres éternellement.

Plus le choix. Parce que tous ceux qui ne sont pas Suelo se retrouvent à un moment ou un autre contraints de travailler, j'accepte la main tendue de mon oncle maternel. Je prends un poste de secrétaire dans l'entreprise de sécurité qu'il dirige, avec le désagréable sentiment qu'on me fait la charité. C'est un effort brutal, mais je m'y tiens. Le matin, je pars du Raincy vers 7 h 30, RER E direction Paris, un trait d'eye-liner sur les yeux, métro, marche rapide, fendre la foule, bonjour madame, bonjour monsieur, sourire poliment et pousser la porte du bureau le cœur en miettes. Mes chaussures à talons pèsent le poids d'un âne mort. Tout ça pour en arriver là ?

Une vie de voyages, d'aventures, de rencontres, d'excès, de souffrance, d'expérimentations pour finir devant un ordinateur, mon beau tatouage birman collé au dossier d'un fauteuil à roulettes, à répondre au téléphone et rassurer les clients sur le sérieux de l'agence ? Impossible. Ce n'est pas moi. Jour après jour je dépéris, même si j'essaie de ne rien laisser paraître devant mes cousins qui gèrent la boîte et qui m'ont accueillie avec tant de gentillesse.

Comme toujours, ma tristesse gonfle l'intensité de mes pulsions. Je mange deux fois plus, n'importe quand. Je remplis le vide que ce travail creuse en moi. Je profite des tickets resto de l'entreprise pour cumuler à midi les formules entrée-plat-dessert. Si des suppléments se présentent à moi, j'opte pour les suppléments. À 16 heures je mange encore. Quand je rentre du bureau au Raincy, chez Moune et Poune, j'avale un sandwich. Puis je dîne. La nuit je me relève pour manger encore. Pris séparément, les aliments que j'ingère ne sont pas mauvais pour la santé, mais c'est leur accumulation qui présente un danger. Je sais parfaitement que je suis sur une mauvaise pente mais je n'arrive pas à endiguer ce mouvement. J'ai besoin de ça pour oublier que je passe à côté de ma vie. En un mot, je fais une dépression.

Pour la première fois, je dois prendre rendez-vous chez des psychiatres. Je vais très mal. Les médecins n'hésitent pas. Ils me mettent sous Prozac et Valium. Un traitement de cheval, comme on dit, mais donner à des humains un traitement de cheval, n'est-ce pas une folie ? Je crois sincèrement que ces médicaments ont joué un rôle dans ma descente aux enfers. Peut-être qu'ils peuvent aider certaines personnes, dans certaines situations ; pour moi, ça n'a pas été le cas. J'étais à la fois abattue et prise dans une énergie artificielle, médicamenteuse. Le Seroplex déguisait mon mal-être, me plongeant dans une joie totalement factice, étrange. J'étais mon propre fantôme.

Je commence à traîner autour de la gare Saint-Lazare, qui donne accès au RER E. Il y a là un Starbucks, devenu en un rien de temps mon nouveau quartier général. Autour, je vois des gens dans la rue, souvent des jeunes, en jean ou sarouel, la cigarette au bec, le sourire aux lèvres. Tous les jours, tous les soirs, je répète les mêmes trajets, les mêmes boucles, si bien que les habitués du coin et moi finissons par nous repérer mutuellement. Pour eux, je suis Ash' la nouvelle. Pour moi, ils sont un autre chemin possible. Quitte à tout prendre, entre le bureau et la rue, la rue me semble plus vivante, plus réelle. Je préfère encore ça. La décision peut sembler folle, mais elle est à l'image de mon amour de la liberté et de ma passion pour l'inconnu. Dans la rue, on ne triche pas. Dans la rue, on expérimente.

Un matin, l'évidence m'explose à la figure.

J'arrête.

Je lâche mon travail. Je jette à la poubelle les comprimés de Prozac et de Valium. Je troque mes talons contre des baskets. Surtout, je rencontre un type, Oscar, la cinquantaine, SDF, qui me prend sous son aile. Il me propose d'abord de l'accompagner dans ses errances nocturnes, il me guide, me fait découvrir Paris et ses souterrains. En quelques jours, l'argent manque. Plus un sou en poche. Il faut mendier. Curieusement ou pas, j'ai trouvé ça amusant, de faire la manche. Pour moi, c'était comme un jeu, une façon aussi de gagner la confiance d'Oscar en participant au pot commun.

Une nuit, dans un état second, je conduis Oscar chez mes cousins. L'idée est-elle venue de moi, ou bien me l'a-t-il soufflée ? Je ne sais plus. Toujours est-il qu'on se retrouve dans leur appartement, seuls, en pleine obscurité. Sur le coup, je ne comprends rien, tout me semble normal. C'est des années plus tard que j'ai réalisé qu'Oscar, qui consommait du sulfate de morphine, a profité de ma torpeur pour voler mes cousins. Candeur ? Ou négligence ? Je m'en veux aujourd'hui, mais à l'époque, je n'ai rien deviné. C'est simple. Tout ce qu'Oscar proposait, je l'acceptais. Il avait sur moi l'ascendant d'un oncle ou d'un mentor. Pas d'ambiguïté sexuelle entre nous, un charme sans menace, du bagou, il me faisait rire et me protégeait – du moins le croyais-je. Alors, faire le moindre reproche à Oscar, c'était prendre le risque d'être rejetée. Que l'on puisse m'accuser d'avoir l'esprit fermé me préoccupait beaucoup. « Ouverte », il fallait à tout prix que je reste « ouverte ». Après tout, je n'avais pas d'autres amis.

C'est donc l'esprit ouvert que je descends un soir les escaliers souterrains de Saint-Lazare. On me propose « une galette ». Naïve encore une fois, je crois qu'on va m'offrir une crêpe, une galette bretonne. Quelque chose en moi résiste à la noirceur du monde, je ne me l'explique toujours pas. En fait de galette, je reçois un petit morceau de crack accompagné d'une pipe. Je découvre le tube en verre, le petit filtre en cuivre posé dessus. On appelle ça un doseur.

Regarde, me montrent les gars de la bande, tu poses le carré sur ton filtre, tu le fais chauffer avec la flamme de ton briquet, ça fond doucement, et puis la pâte se fixe sur le filtre, vas-y, maintenant tu peux fumer.

Ma première fois.

J'approche la pipe de mes lèvres, je goûte, doucement, je crapote plus que je ne fume en grand. Je ne suis pas éblouie, je ne ressens pas un effet dingue, peut-être qu'inconsciemment je protège mon corps en y allant pas à pas, sans inhaler vraiment, pour tester les effets. J'attends, j'attends, le réel ne s'évanouit pas, je tangue légèrement mais reste lucide. Près de moi, Oscar sourit. Dans la nuit, j'aperçois ses canines.

Après cette première rencontre avec le crack, je reçois deux places pour aller au Portugal, au festival Boom, le festival de musiques alternatives. Deux places que j'avais initialement achetées pour faire une surprise à Alice… Refusant de me laisser aller au ressentiment, je décide d'y aller seule. Dans mon sac, Oscar a glissé trois galettes de crack. Enfermée dans un wagon de train avec deux Allemandes qui se rendent, elles aussi, à l'événement, je me revois en train de préparer ma came. Sans gêne, sans malice, juste avec un sentiment de solitude extrême. Mon inconséquence et ma naïveté de l'époque me sidèrent encore. Mais ma sidération est teintée de compassion et d'attendrissement, et même de respect face à cette jeune femme perdue que j'étais alors.

Je vois dans ces moments, derrière ces maladresses et ces actions douteuses, les prémices de la quête qui m'habite aujourd'hui.

Cette quête de libération de la parole, cette quête de vérité, de liberté en soi, animée par la croyance fondamentale que si les choses sont faites et dites avec franchise et absence de vice, alors tout est compréhensible, tout est entendable. Tout est OK.

Le festival se déroule sur un immense terrain capable d'accueillir 60 000 personnes venues du monde entier, une sorte de ville éphémère qui naît un matin pour mourir une semaine après, dans les piétinements et les cris du public. Qu'est-ce que je fous ici ? La vacuité m'étreint. Encore une fois, je lutte pour me prouver que je suis capable d'être heureuse envers et contre tous. Encore une fois, je me sens seule, et perdue. Je me fais l'effet d'un fantôme, j'avance au hasard, hagarde, jusqu'au moment où la pulsion me reprend. J'ai acheté tout un tas de boîtes de thon et des caisses de compotes en prévision de la semaine de cantine. Je rentre sous ma tente et je dévore tout ce que j'ai d'un coup. C'est l'overdose. Une dizaine de pailles à compote gisent à mes pieds, un cimetière de pailles et de boîtes vides. Je sens les larmes me monter aux yeux. Quelle est cette faille en moi qu'il faut combler, combler, combler ? Je me fais du mal, je me sens dépassée. Assez. Un noyau dur de volonté continue à brûler en moi ; je dois me sauver, mettre fin à cette mascarade, je vais me sauver, à tous les sens du terme. Je quitte la zone du festival, refile mes billets à deux personnes bloquées à l'extérieur dont je fais le bonheur. Je rentre à Paris, malade, trop pleine et trop vide à la fois.

La seule chose positive pour moi dans ce séjour au Portugal, c'est le tabac que j'ai pu acheter là-bas car il est moins cher qu'en France. Un jour que je dois sortir faire des courses, je laisse mes affaires dans notre squat, au sixième étage d'un parking souterrain, où Oscar dort comme un bienheureux. En rentrant des courses, j'ouvre mes affaires et ne vois plus le tabac que j'y avais rangé. Je ne comprends pas. Naïve, je commence à chercher partout, je fouille. Rien. Tout a disparu. Puis j'aperçois le sac d'Oscar. Je songe que mon tabac est peut-être dedans et je m'approche pour vérifier. Alors c'est la métamorphose. Lui qui dormait sur le canapé défoncé comme un vieil homme sous un arbre se réveille brutalement. Son visage se contracte, ses gencives se relèvent, découvrant ses canines jaunes. Il se jette sur moi en criant. Sans doute croit-il que c'est moi qui veux lui voler quelque chose, son sken (gellules de sulfate de morphine que les héroïnomanes s'injectent) ou tout simplement ses affaires. Toujours est-il qu'il me pousse au sol et me roue de coups. Je sens en lui une violence terrible qui pourrait se déchaîner contre moi et me tuer. Oui, me tuer. L'angoisse est totale, je suis terrifiée. Un gars de notre groupe ouvre un œil mollement sans prendre ma défense, sans chercher à calmer Oscar non plus. Sa grimace semble me dire « Désolé, je peux rien pour toi ». Je tremble de tous mes muscles. Mes oreilles bourdonnent. Mon « mentor » est en fait un homme dangereux, très dangereux. La situation a assez duré, je comprends qu'il faut y mettre un terme. Ou plus exactement, *je veux* y mettre un terme.

Pour me protéger, je m'éloigne. Comme les chats, j'élargis mon périmètre, je pars explorer d'autres territoires. Quartier de la Madeleine. Dans un parking privé en sous-sol, je rencontre un soir une bande d'hommes qui consomment. L'un d'entre eux, assis sur un vieux canapé défoncé, tire sur sa pipe de crack avec des allures de cador. Il me fait rire. Il s'appelle Kurt. Son prénom claque comme un cœur qui cogne, *it hurts, it hurts.* Malgré son prénom de rock star américaine, il est parisien, d'origine guyanaise.

On fume ensemble et surtout on parle. On parle, on parle, on parle. Pendant huit heures, sans jamais nous arrêter. Je n'ai jamais connu ça. Kurt m'avouera plus tard être tombé amoureux de moi aussitôt. Pour moi, ça a été plus long, mais quelque chose se passait entre nous, c'était évident. Complicité, attirance mutuelle, personnalité audacieuse... et surtout, l'envie de vivre des aventures avec un grand A.

Kurt était grand, souriant, il avait gardé quelque chose de l'enfance dans les yeux, une bouille de castor contrariée par les traits plus âpres de l'adulte. C'était un mélange d'homme et de petit garçon. Ce qui nous a d'abord liés, c'est la dimension chevaleresque de notre relation. Ni lui ni moi n'avions de téléphone. Lorsque nous nous donnions rendez-vous quelque part, nous tenions parole. Et s'il fallait que l'un ou l'autre attende à cet endroit précis quarante-huit heures parce que l'autre n'était pas là, on attendait quarante-huit heures : pour honorer notre promesse, et parce que l'autre, très certainement, avait eu des problèmes. La loyauté a été un ciment entre nous. Au début du moins.

Très vite, Kurt m'a appris à faire la manche dans le métro, ce qui n'est pas la même chose que faire la manche dans la rue. Interpeller les gens sans les faire fuir. Les attendrir. Injecter quelques arguments rationnels. Composer de micro-pièces de théâtre, scènes d'impro ou texte su, tous les jours, dans les wagons ou sur les quais. Un vrai savoir-faire, avec ses codes et ses techniques. Les pièces jaunes s'accumulaient dans nos poches, accompagnées parfois de celles d'un ou deux euros, plus grosses, plus lourdes. Lorsque nous en avions assez, nous faisions des châteaux avec, comme des gamins. Un rien nous amusait. La nuit, nous escaladions les grilles des parcs, nous nous mettions ensemble en quête de crack et d'alcool, de clopes, nous refaisions le monde à l'envers, lui qui n'a jamais été à l'endroit.

L'une des caractéristiques du crack est de couper l'appétit. En quelques semaines, la cocaïne m'a ôté ma pulsion alimentaire et s'est substituée à elle. C'est ce qui explique sans doute mon addiction prononcée à cette drogue plutôt qu'à d'autres : avec le crack, je n'avais plus faim. Mon corps s'est transformé sans que cela me coûte beaucoup d'efforts. J'ai vite retrouvé une taille 36. Mais je ne me suis pas arrêtée là. Je maigrissais à vue d'œil. Au bout de la deuxième année à ce rythme, le 32 est devenu trop large pour moi.

La rue me coupait de mon noyau proche. Je voyais de moins en moins ma famille, jusqu'au jour où je ne l'ai plus vue du tout. J'étais ailleurs.

L'amour, la drogue, la maigreur : en moi, tout se mélangeait. Avec un peu d'argent qui restait sur mon ancien compte bancaire australien, j'ai offert à Kurt un voyage à Amsterdam, le paradis des camés. Là-bas, on a mené la folle vie, on a tout testé, tout osé. La nuit, l'air sentait la myrtille. On arpentait les quartiers comme des aventuriers, on goûtait des choses nouvelles, on dépensait sans compter. Le jour où je me suis aperçue que je ne pouvais plus payer la chambre d'hôtel (c'était une manière comme une autre de fermer mon compte bancaire : le mettre à sec), nous avons erré un moment dans les rues… Finalement, rien ne nous attendait à Paris, pourquoi ne pas rester ici ? Pendant six mois, nous avons planté notre tente, en plein hiver, sur les trottoirs d'Amsterdam. L'appel du crack est vite revenu. Nous sommes donc partis à la recherche des sacro-saintes petites pierres blanches. C'est Dora, un personnage haut en couleur, qui nous a ouvert les portes de l'underground hollandais. Française, cette géante rousse aux mains de maçon semblait sortie tout droit d'un film. Affublée d'une paire de Moon Boots aux couleurs criardes, d'une parka rose pâle, et d'un nombre alarmant d'écharpes et de châles, elle nous a présenté le meilleur du pire d'Amsterdam. La communauté du crack, là-bas, était très installée, tenue en majorité par les Surinamiens. On se parlait en anglais, on leur faisait confiance : avec eux, les produits étaient toujours surpuissants. Notre vie a fini par se résumer à ça : métro-crack-dodo, option kebab de temps en temps.

Une nuit, les choses ont dérapé. Notre besoin d'argent (la consommation quotidienne de drogue nécessite des moyens) a poussé Kurt à faire un cambriolage. Tentative ratée, il s'est blessé méchamment durant l'action. Il s'est jeté sous notre tente en criant. Il y avait du sang sur le duvet. J'ai senti que les choses déraillaient, j'ai dit stop. Retour à Paris. Kurt ne voulait pas, j'ai insisté. On a fini par reprendre un train, dans un piteux état tous les deux. Il faut dire que les produits consommés à Amsterdam étaient bien plus offensifs qu'à Madeleine ou Saint-Lazare. Là-bas, il n'y avait pas de filtre sur la pipe en verre. La substance ingérée était pure, beaucoup plus nocive. Et notre état général à l'avenant. Nous étions dans un vortex, vaguement conscients que tout se délitait, mais comme indifférents à notre propre sort. Tant que la drogue s'offrait à nous, il fallait continuer. On a continué.

Chapitre 8

Crisis
(Paris)

« Allez, Ash', moi j'ai bien kiffé, à ton tour maintenant. » Kurt me lance ça un jour, en rentrant de « courses » parisiennes. Il a fumé sans s'arrêter, a vu les étoiles, et m'incite à faire de même. Je lui souris, heureuse qu'il m'invite à prendre ce temps pour moi. Si étrange que cela puisse paraître aux yeux de ceux qui ne consomment pas, le fait que chacun puisse s'offrir un moment privilégié avec le produit, pour nous, est un geste d'amour. Il faut préciser qu'à ce moment-là, je me couche crack, je me lève crack, je pense crack, je vis crack. Rien ne me comble plus que la drogue. Un tête-à-tête avec le produit vaut mieux que tous les amants. Direction Stalingrad, dans le nord de Paris. Je marche dans les rues désertes. La nuit est froide, vraiment froide, et je cherche un lieu où m'abriter. J'aperçois alors le Point Éphémère, sur le quai de Valmy, tout illuminé. À la fois centre d'art, d'expositions et de concerts, ce lieu culturel me plaît beaucoup. J'entre. Une vague de chaleur me saisit aussitôt, apaisante. Il y a du monde, de la musique et des verres partout. Deux hommes sont en train de discuter dans un coin. Nos regards se croisent, ils ont l'air ouverts, affables, je m'approche d'eux. Nous faisons connaissance et très vite, une riche discussion s'engage. Le premier veut faire de la politique ; le second se voit plutôt comme un artiste. Tous deux ont des idées, ils manient à merveille le langage, sont cultivés. C'est pour moi un déclic. Il y a quelques années encore, moi aussi je pouvais prétendre à ce genre de discours référencés, moi aussi j'évoluais dans un milieu arty, engagé. Je prends conscience du manque de culture dans ma vie de camée, de tout ce à quoi j'ai renoncé progressivement, sans même m'en rendre compte. C'est comme si j'étais descendue en dessous de moi-même, ou plus exactement, des meilleures possibilités de moi-même. Je me sens mal soudain. En manque. Ma vie intérieure a toujours été nourrie par les livres, par la création. Avec la drogue je crée quoi ? Sensation de vide intense. Ce soir-là, ma virée parisienne s'arrêtera là, entre les murs d'un centre culturel. Je songe : Il faut que je parle de ce manque à Kurt.

Si j'avais su.

J'ai ouvert la boîte de Pandore. Kurt n'a pas compris ce que je lui disais de ma frustration culturelle, il se moquait bien que je sois ou pas une âme littéraire, poétique, non, la seule chose qu'il a retenue, c'est mon échange avec deux types que, de toute évidence, j'avais trouvés séduisants et qui avaient réussi en à peine une soirée à me retourner le cerveau. « Kurt, arrête, il ne s'est rien passé entre eux et moi. » Mais chacun de mes arguments ou de mes dénégations le renforçait dans ses doutes. Il ne me croyait pas, et que je me le tienne pour dit, il ne me lâcherait pas comme ça.

Une banale crise de jalousie.

La descente aux enfers a commencé comme ça.

Kurt m'espionnait, il me traquait, ne me laissait aucun répit. Je sortais, il me suivait. Je prononçais un mot de travers, il l'interprétait. Il me menaçait. Je vivais sous un régime de terreur. Bien sûr, plus il fumait, plus ses délires paranoïaques s'intensifiaient. J'ai commencé à craindre pour mon intégrité physique. Malgré tout, je n'arrivais pas à le quitter. De temps en temps, son sourire de petit garçon illuminait toute la noirceur qui m'écrasait.

Bouille de castor. Je n'arrivais pas à oublier nos rendez-vous chevaleresques du début, nos châteaux de pièces d'un euro, la folie douce d'Amsterdam.

Un soir, nous sommes allés baguenauder rue Saint-Denis, le quartier des putes et des sex-shops. C'est une technique connue des drogués : entrer dans un sex-shop et s'enfermer dans une cabine pour fumer. On n'a même pas regardé les vidéos diffusées sur les écrans, les lumières tamisées un peu glauques, les sex-toys alignés comme des trophées. Non, ce qui nous intéressait, c'était fumer. Les responsables du magasin n'ont pas été dupes. Ils nous ont repérés et jetés dehors sans ménagement. En atterrissant sur le trottoir, le vent froid nous a giflés. Je me suis redressée, j'ai regardé la rue, et brutalement, senti mon ventre se contracter. Une sueur glacée a figé ma colonne. J'ai manqué d'air. Dans la rue, devant moi, se tenait mon père. Mon père que je n'avais pas vu depuis dix ans. Le hasard, la malédiction ? Impossible à dire. Mais mon père tant aimé venait d'assister à la scène : une fille maigre jetée du sex-shop en compagnie d'un homme titubant. Une fille qu'il lui fallait bien reconnaître comme étant la sienne.

Kurt a senti que quelque chose n'allait pas. Il a suivi mon regard, s'est figé devant la silhouette masculine, il a compris. Il a lâché son sac et s'est enfui en courant. Mon père s'est précipité vers moi, l'air ébahi, effondré. J'ai vu de la tristesse dans ses yeux. Cette scène avait quelque chose d'irréel. « Viens, on va manger un bagel » a-t-il lâché finalement d'une voix calme. Je n'avais pas faim, la honte m'avait coupé l'appétit plus sûrement que la drogue, mais j'ai mangé mon bagel. Puis j'ai pris mon courage à deux mains pour affirmer : « Je ne me prostitue pas. » Il a planté ses yeux au fond des miens. Un léger soulagement a flotté sur ses pupilles, puis il a pianoté un message sur son téléphone. En moi, tout était flou, brouillé. Quelques minutes plus tard, une femme a déboulé dans le snack. Leïla. Mon corps s'est paralysé. J'aurais pu vomir mon bagel à la seconde. J'avais l'impression d'une régression, d'un mauvais *revival*. Le souvenir cuisant d'Istanbul, pas effacé. Leïla s'est assise avec nous, l'air gêné. Je me rappelle qu'elle ne savait pas quoi faire de ses mains, qu'elle tordait, agitait fébrilement, cachait sous la table. Les mots qu'elle a eus, en revanche, je ne m'en souviens pas. Mon père a dit quelque chose comme « Allez, on rentre à la maison maintenant », et il s'est levé.

Depuis quelque temps, mon père habitait un appartement du très chic 16e arrondissement.

J'ai débarqué là comme un chien dans un jeu de quilles. Je n'avais pas pris de douche depuis les calendes grecques, dans mon sac dormaient trois galettes de crack, j'avais envie de fumer et de demander pardon, de me laver et en même temps de rester sale. Tout en moi était contradictoire. Leïla m'a fait couler un bain chaud. Ça sentait l'huile de néroli, un parfum de fleurs, capiteux, légèrement écœurant. « Prends ton temps. » Je suis restée dans l'eau jusqu'à avoir la peau des doigts fripée. La chaleur avait quelque chose d'apaisant. Je suis sortie de la salle de bains décrassée, hydratée. Leïla m'a brossé les cheveux comme si j'étais une poupée Barbie, « tu as des nœuds, je dois les démêler », avant de me tendre un pyjama qui lui appartenait, et je me suis couchée dans la chambre d'amis, petit lit moelleux, oreiller large et draps en soie.

Le lendemain, je me suis réveillée avec un goût amer dans la bouche. En décalage violent. J'ai enfilé un pull et des chaussettes, qui m'attendaient sur une chaise à côté du lit. Mon père sirotait son café dans une cuisine moderne tout équipée. Mon cœur s'est serré. Nos regards disaient tout. Je me suis plantée devant lui : « Comprends-moi, papa. S'il te plaît. Je ne peux pas abandonner Kurt. » Il a haussé les épaules, il a baissé les épaules, il a ouvert la bouche sans prononcer un mot. Il ne savait ni quoi faire ni quoi dire. Sans doute n'y avait-il pas grand-chose à commenter. J'ai attrapé mon sac fatigué et je suis partie retrouver Kurt.

Mon amoureux avait profité de mon absence pour me voler mon ordinateur. Il l'avait déjà revendu pour pouvoir s'acheter du crack. Une déception, encore une. J'étais en rage, épuisée, je l'ai accablé de reproches. Je venais de quitter l'appartement-bulle du 16e pour ça ? En retour, il m'a fait du chantage au suicide. C'était devenu un sport quotidien chez lui. Quelque chose n'allait pas, chantage – il allait se foutre en l'air et je serais bien contente, débarrassée de lui. Je ne le croyais pas, mais j'avais toujours un peu peur. Il suffit d'une fois… Ses actions démentaient ses paroles. Un jour de furie, il m'a dit qu'il allait s'acheter une corde pour se pendre. Ce jour-là, finalement, il est parti fumer.

Après quelques jours de ce style, désemparée, je reviens vers mon père. Je sens que les choses déraillent vraiment, je ne contrôle plus rien. Mon père me dissuade alors de gâcher ce que j'ai de plus précieux : mon cerveau. Son argument fait mouche. Il réactive chez moi une forme de fierté, comme lorsque ma mère me poussait dans les études et me félicitait pour mes qualités d'écriture. Je ne peux pas tout perdre aussi bêtement, je ne peux pas passer à côté de mon potentiel. C'est alors que mon père, sans un mot, mais avec un regard plein d'amour, glisse vers moi un peu d'argent. Il a compris que je ne pourrai pas couper comme ça avec la rue, avec la drogue, avec Kurt. Trop difficile. Mais sans argent, c'est la descente aux enfers assurée. Alors il me soutient, sans rien demander, sans rien exiger, juste en espérant que cela m'aide. Oui, cet argent, mon père me le donne comme il me donne sa confiance ; à moi d'en faire ce que bon me semble, et peut-être même fumer encore, de temps en temps, mais cette fois sans me mettre en danger avec mes fréquentations. La confiance de quelqu'un lorsqu'on est addict est un cadeau immense. C'est une douceur qui me montre qu'il existe une voie du milieu. Une possibilité d'assouvir ma pulsion addictive mais en jonglant avec elle. Il existe une zone grise entre sevrage total et consommation ponctuelle. C'est cette zone que je vais essayer d'explorer, parce que c'est la seule qui me semble alors tenable pour retrouver un équilibre. Je m'éloigne provisoirement de Kurt qui s'enfonce de plus en plus dans la violence. Il multiplie les cambriolages, les casses, jusqu'au jour où il se fait pincer par la police. J'apprends qu'il va être jugé. Me voilà aussi lasse que fataliste : cela lui pendait au nez. Je ne suis même pas surprise.

Le pire pour moi, à cette période, c'est le désarroi de mes grands-parents. Je peine à écrire cette scène tant elle réveille une douleur insoutenable. Un jour, j'entends frapper à la porte de l'appartement du 16e, et voilà que Moune et Poune surgissent devant moi. Cela fait longtemps, si longtemps, que je ne les ai pas revus. J'ai l'impression que je pourrais pleurer tout ce que ma vie contient de larmes en quelques secondes. Eux que j'aime tant, eux qui m'ont tant donné, me regardent sans comprendre. Qu'est-ce qu'on va faire avec Ashley ? L'éternelle question. Ils ne me jugent pas : ils tremblent pour moi. Leur humanité est inépuisable. Je me jette dans leurs bras, je respire le parfum doux de ma grand-mère, la peau de mon grand-père, je pleure sur la souffrance que je leur impose malgré moi, sur l'inquiétude que je provoque depuis tant d'années. À ce chagrin se mêle un atroce sentiment d'humiliation, de honte. Pourquoi, comment, suis-je devenue l'ombre de moi-même ? Dans le fond, que s'est-il passé ? Je ne comprends plus rien, je suis perdue.

Pendant trois jours, je ne quitterai pas le lit de la chambre d'amis. Je dors, je dors, je dors, comme seuls les dépressifs dorment. D'un sommeil pesant, malheureux.

Et puis un midi, mon père vient me trouver dans la chambre. Je suis allongée, inerte, absente. La voix de mon père résonne fort dans la pièce. « Ashley, je crois que j'ai une solution pour toi. Fais tes affaires, on part en Espagne. »

Chapitre 9

Rehab
(Espagne)

Dans la voiture de Poune, je regarde défiler le paysage comme un film en langue étrangère. Les images sont belles mais le sens m'échappe. Je suis épuisée. Vidée par ces longues années intenses, excitantes et difficiles, vidée par ma relation avec Kurt. Je peine à me l'avouer, mais il me manque. Que ferai-je s'il finit en prison ? Je me sens piégée, coincée, et puis de temps en temps je ne me sens plus rien du tout : absente à mon corps, à ma volonté, à mes rêves, à toute forme d'engagement existentiel. Que les autres s'occupent de moi, qu'on me guide, qu'on me conduise. L'Espagne ? Très bien, d'accord, emmenez-moi en Espagne. Peu de monde sur la route. Quelques arrêts sur des aires dégueulasses. La voix de Poune, légère et rocailleuse, rabote un peu ma peine.

Le centre de désintoxication est une grande maison ancienne, posée au sommet d'une colline. Elle domine une vallée d'oliviers marbrée d'ocre et de jaune. C'est beau. C'est calme. Ce n'est ni plus ni moins qu'un centre de désintoxication de luxe. « Surtout, fais bien attention à toi, ma grande fille » me glisse Poune à l'oreille avant son départ.

Dans la villa, on compte trois psychiatres, une cuisinière et un animateur. Il y aura des activités en journée et des cercles de parole. Quant aux séances de psychanalyse, elles se tiendront deux fois par jour. On me montre ma chambre, une pièce individuelle confortable avec un lit et un petit bureau. Les couloirs ne sont pas trop sinistres, la lumière entre un peu partout dans le bâtiment. Il existe également une salle commune où les gens peuvent discuter, jouer, attendre, se taire. Ici, tout le monde a un problème. Une douleur de vivre que la médecine et la psychologie tentent tant bien que mal d'alléger, à défaut de l'effacer. Des addicts, j'en croise de toutes sortes. Addicts à la drogue, à l'alcool, aux jeux, au sexe, au sport, au travail. J'observe les gens autour de moi, j'enregistre mentalement ce que je vois, le comportement humain, l'universalité qui sous-tend la diversité des symptômes et des patients, moi incluse. Je sympathise avec Bene, une ancienne top-model à la retraite, superbe et flamboyante, qui me montre le soir, avec une pointe de nostalgie, ses photos d'autrefois sur les podiums, pendant que je nettoie les plaies sur ses bras – trop d'injections, trop de morphine. Mon affection pour elle est immédiate et profonde. (J'aurai beaucoup de peine en apprenant, quelques années plus tard, son décès.) Je croise aussi un vieil architecte à la renommée internationale qui a eu une jeunesse de rock star, et puis une vieillesse de rock star : il ne peut plus ingérer une goutte d'alcool. Ou encore cette jeune blonde pareille à une héroïne Disney, qui a été rapatriée en urgence de New York par sa mère. Barmaid, elle s'est laissé gagner par le lifestyle local, martini et cocaïne, avant de sombrer dans la prostitution avec les golden boys pour s'assurer un train de vie princier. Tous, nous avons un rapport addictif à une substance ou à une activité. Tous, nous cherchons le sens de la vie.

Loin du crack, je reprends du poids. Petit à petit, je passe du 32 au 34 ; c'est un progrès. Mais après ? Du 34 au 36, du 36 au 38, du 38 au 40, et puis jusqu'où comme ça ? Grossir me fait peur. Pour éviter une rechute alimentaire, aussi bien que pour tromper le manque, je me remets à la course. Comme un défi, et non sans ironie à mon propre égard, je m'inflige des circuits de dix kilomètres. J'ai les tendons qui brûlent, les adducteurs qui tirent. Je retrouve la douleur physique et son corollaire : l'appétit vorace, coupable. Depuis des années, j'avais échappé à la sensation de faim ; la revoilà qui s'abat sur moi, violemment. J'essaie de me contrôler, de ne pas y penser, mais je ne cesse de réfléchir au repas qui va suivre, à ce que je vais manger ou m'interdire de manger, à ce dîner qu'il faudrait sauter et auquel on me demandera pourtant d'assister – non, je ne toucherai ni aux pâtes ni au pain, je laisserai le fromage de côté, et bien sûr c'est exactement cela qui me fait envie. Me revoilà prise dans la spirale que le crack avait tenue en respect. Où est l'issue ?

L'issue ? Peut-être se trouve-t-elle dans la parole. Dans l'analyse lucide. Le psychiatre en chef, Juan, un quinquagénaire au regard bienveillant, a perçu toute la dimension cérébrale qui m'agite. De plus en plus souvent, il m'invite à partager mes réflexions avec lui, comme il me transmet les siennes. « Venez, asseyez-vous. » Je prends place face à lui, dans son bureau, et nous discutons. Avec beaucoup d'intelligence, il confronte son savoir académique à ses expériences de terrain. « La théorie ne suffit pas », admet-il volontiers. Je me reconnais dans son approche honnête, clairvoyante. Juan comprend que les personnes soumises à une pulsion addictive ne sont pas sans vitalité, sans idéal. Au contraire. Il décèle en général chez elles une quête d'intensité qui l'interpelle beaucoup.

Vient alors ce jour qui restera marqué à tout jamais en moi. Ce moment où, avec humilité, il m'avoue qu'il n'est pas sûr que le sevrage total soit la solution. De la part d'un scientifique, médecin qui plus est, ce discours est presque inaudible. Et pourtant. Ce qu'il a découvert au contact des patients, et qui me parle tellement, c'est que la pulsion addictive n'est pas toujours mauvaise par nature. C'est la manière dont elle s'exprime, en réclamant toujours plus, toujours plus, jusqu'à dominer le sujet, qui est parfois néfaste. D'une certaine façon, ce n'est pas l'objet de la pulsion qu'il faut traiter (drogue, alcool, travail, sexe…), sous peine de retomber inévitablement dans l'échec, mais son mouvement premier, originel. « Les addicts sont moins addicts à un produit qu'addicts à l'addiction. » Et s'ils le sont à ce point, c'est souvent parce que la pulsion se confond au départ avec un élan vital, une aspiration au dépassement de soi. Tout est donc question de degré, de dosage.

« Je vais vous raconter une histoire, me dit-il. J'ai suivi il y a un an un couple sur le point d'éclater. Le mari avait développé une addiction à la cocaïne. La femme ne supportait plus cette situation. Le mari comprenait bien le problème, mais le plaisir procuré par la substance était si intense qu'il ne pensait plus qu'à ça. Par ricochet, il était tout autant obsédé par son couple en péril et au fait qu'il ne devait pas céder à l'appel de la cocaïne, sous peine de perdre celle qu'il aimait. Un cercle vicieux, pourrait-on dire, car finalement son désir de ne pas céder à la consommation était aussi fort que son désir de consommer, d'où l'obsession. » Juan a marqué une pause avant de continuer. « La pulsion hantait ce patient, elle allait le faire exploser. Il était tout à fait conscient qu'il fallait trouver une solution. Il voulait que les choses changent. Pour faire redescendre l'intensité de sa pulsion, nous avons décidé ensemble de l'autoriser à consommer un peu de cocaïne le week-end, durant des parenthèses de solitude bien définies. Pas tous les jours, donc, et pas avec n'importe qui autour de lui. Eh bien ces moments-là, paradoxalement, lui ont offert une forme de rééquilibrage ; le degré d'obsession s'atténuait car il savait qu'il y aurait un espace et un moment dédiés à la cocaïne, qu'il s'en donnait le droit, que c'était possible, tout simplement. Du coup, il parvenait à penser à autre chose le reste du temps. Il a commencé à revoir des amis, à inviter sa femme au restaurant, à faire du running avec elle. Parfois tout allait bien, il gérait, il se sentait plus serein. Parfois il avait l'impression de retomber en enfer. Il lui arrivait d'être noyé par la vague addictive et de consommer massivement. Petit à petit, il a accepté ces hauts et ces bas, ce mouvement irrégulier en lui, parce qu'il a compris que c'était ainsi que fonctionnait la pulsion, que ce n'était pas si grave, et que ça finirait par passer. Lors d'une séance tous les deux, il m'a avoué s'être senti moins obsédé par la pensée de la cocaïne du fait de cette acceptation. Le simple fait d'admettre en lui ces variations, de les accueillir et de pouvoir les expliquer à sa femme l'a considérablement aidé. Je l'ai revu il y a quelques semaines. Il va bien. Il est toujours avec son épouse. Apparemment, la drogue ne lui dit plus rien depuis qu'il fait du sport à haute dose… Ils se sont inscrits tous les deux au semi-marathon. Une addiction peut en cacher une autre, vous voyez… Mais celle du sport lui convient et semble convenir à son épouse aussi. Demain, il sera peut-être accro au travail ou aux jeux vidéo, parce que c'est sa nature, il a besoin de s'adonner à quelque chose, de ressentir de l'adrénaline. Mais à présent il en a conscience, et il l'accepte. C'est un progrès immense. » Juan se lève en me souriant : « Derrière la pulsion addictive se cache de la vitalité, ne l'oublions jamais. »

C'est une déflagration.

Je suis ébahie par ce discours qui résonne si fort en moi. Jamais je n'avais entendu cela, encore moins de la part d'un psychiatre. Je sens confusément que cette conversation marquera un tournant dans ma vie, même s'il est encore trop tôt pour que je puisse définir lequel avec précision. Cet homme a mis le doigt sur quelque chose d'essentiel. Tout n'est pas mauvais dans la pulsion addictive. On peut vivre avec, c'est OK, il n'y a pas de jugement de valeur à porter sur cela. Cette approche est une révolution copernicienne. La question ne serait pas, ainsi, de supprimer la pulsion totalement, mais de parvenir à vivre avec elle. Évidemment, c'est là tout l'enjeu, et toute la difficulté : comment contrôler quelque chose qui nous dépasse ? Comment abaisser le curseur quand le produit vous grille les neurones ou vous enferme ? Dans ce combat intérieur, qui domine qui ? Mais un chemin se dessine, et il est plein de lumière.

La lumière, en effet. Autour du centre, l'automne s'est mis à parer la colline de rouge et d'orange. Je pense à Moune, à son amour des couleurs. Je lui souris en secret. L'Espagne était une bonne idée. Je me sens mieux. La fin de ma cure approche. Je n'ai pas fumé durant le séjour, j'ai joué le jeu de la désintox, même si pour cela j'ai dû reprendre du poids. Je me sens revigorée, et les mots de Juan ont beaucoup contribué à cette sensation diffuse d'apaisement. En aucun cas, à aucun moment, je ne me suis promis d'arrêter le crack en sortant.

Une cure, d'accord, une parenthèse, d'accord. De quoi reprendre des forces et me reconstituer. Mais après ? Après, on verra bien. Il me reste tant de choses à vivre.

Chapitre 10

Naissance
(Paris)

Au moment de quitter l'Espagne, je recontacte Kurt. Tout de suite. Je reste liée à lui par cette loyauté qui a scellé nos deux vies des années plus tôt. J'aimerais faire autrement, je n'y arrive pas. D'ailleurs, aimerais-je vraiment faire autrement ? Kurt fait partie de moi, c'est ainsi. Néanmoins, je souhaite fixer un nouveau cadre, dans un lieu où ni lui ni moi n'aurons de repères, de rituels établis, de circuits liés à la drogue. J'appelle Kurt. Voici mon idée : on choisit une ville à mi-chemin entre Paris et Barcelone et on se retrouve là-bas. Il hésite. Montpellier ? D'accord. Va pour Montpellier. Le Sud, le soleil, une ville où personne ne nous connaît, c'est exactement ce qu'il nous faut. Kurt est ravi, il promet de me rejoindre là-bas.

Bien sûr, il ne vient jamais.

Je remonte à Paris pour le chercher, le trouve défoncé dans un vieux canapé semblable à celui où je l'ai rencontré la première fois. Il semble heureux de me voir, agit comme si de rien n'était. Oubliée, la nuit dans le sex-shop, sa fuite devant mon père, les mois de galère et de détox. Il me refait fumer. Je fume. Mais différemment. Je reste sur mes gardes. Grâce à mon séjour espagnol, j'ai éclairé mon rapport au crack. Je ne l'approche plus de la même manière. J'ai pris du recul, l'hameçon n'est plus aussi aguicheur. Mais dans le fond, malgré cette assurance retrouvée, je ne suis pas dupe : encore quelques jours à ce rythme-là, et ma pimpante clairvoyance partira en fumée.

Kurt et moi reprenons une vie à deux, émaillée de crises de jalousie, d'engueulades, de cuites sévères, d'étreintes. Un jour, c'est lui qui me dit : « Je suis sûr que t'es enceinte. » Je me souviens d'avoir ricané.

« Madame Taïeb. »

Le blanc de l'hôpital, le blanc des médecins, le blanc de l'angoisse.

« Bonjour madame Taïeb, veuillez me suivre, s'il vous plaît. »

Le blanc de mon esprit au moment du choix.

« Docteure… En fait, je crois que je vais garder le bébé. »

Ma voix blanche.

« C'est juste que j'ai un problème.

– Je vous écoute, dites-moi.

– Je me drogue.

– Qu'est-ce que vous consommez ?

– Du crack. Pas seulement, mais principalement. Tabac et alcool aussi. »

Et cette phrase qui fait basculer ma vie :

« Pour le crack, si vous arrêtez avant le terme des trois mois, il n'y aura pas de problème. »

Enceinte, la rue n'est plus une option. Il faut que j'arrête de dormir dehors. Je convoque mon expérience pour faire la manche et réunir de quoi payer une chambre d'hôtel au Formule 1. Un éclair zèbre ma mémoire, je revois la maison d'architecte d'Ibiza, le béton ciré, le studio de Tel-Aviv, l'appartement du 16e de mon père. Oublie. Respire. Je balaie tout ça d'un clignement de paupières. Un toit sur ma tête et une bouilloire, je ne connais pas de meilleure définition du luxe.

La présence d'un enfant dans mon ventre m'oblige à affronter la réalité. Pour la première fois, je dois défier l'administration et me créer un état civil, que je n'ai jamais vraiment eu avec ma vie nomade. Si j'aime éperdument les premières fois, je me serais bien passée de celle-ci. Adresse, impôts, sécurité sociale… je me rends compte, peu à peu, qu'aux yeux de la loi je n'existe pas. Appeler les services sociaux, contacter la mairie, voir avec la CAF si jamais. Kurt ne m'aide nullement. Il vit dans son monde, plonge de plus en plus bas, ne fait plus rien de sa vie. Je dois agir seule. Grâce à mes efforts, je finis par obtenir une petite chambre sociale à Massy-Palaiseau. L'endroit est minuscule mais décent. Ce n'est qu'à ce moment-là que je reprends contact avec ma famille, que je n'ai pas revue depuis mon retour d'Espagne. Je leur annonce ma grossesse. À l'aube des sept mois, mon ventre est bien arrondi. La nouvelle est accueillie avec un mélange de joie et d'inquiétude. Je ferme les écoutilles, je ne dois pas me laisser entamer par les doutes de mes proches.

Un jour, poussée par un élan d'amour, j'ose présenter Kurt à mes grands-parents. Moune et Poune sont gênés. Ils font des efforts mais je vois bien qu'à leurs yeux le père de mon enfant est infréquentable. Je n'insiste pas. Peut-être ont-ils raison. J'essaie de ne pas trop me poser de questions. Je me concentre sur mon quotidien. Je ressens régulièrement le manque du crack, ou plutôt, je consacre une partie de mes nuits à lutter contre les pensées qui m'obsèdent et me tordent le ventre. Parfois, au détour d'un couloir de métro, un courant d'air m'apporte une vague de cette odeur caractéristique de plastique brûlé et de solvants. Je me fige, je déglutis, je pleure parfois. Dans ces moments, j'ai l'impression que je n'arriverai pas à faire un pas de plus tant il est douloureux de m'interdire d'y penser, de m'interdire de fantasmer ne serait-ce qu'un seul écart. Même si je me suis coupée depuis quelques mois des circuits et des rituels qui me conduisaient à fumer, l'empreinte reste. Heureusement, consommer alors que je suis enceinte me semble totalement inconcevable ; ma volonté est d'acier. Je tiens bon. Mon ventre s'alourdit. Huit mois, neuf mois... Alors que le terme de ma grossesse approche, Kurt réussit je ne sais comment à dénicher un plan coke à Massy-Palaiseau. Enchanté, il s'assoit sur le carrelage de la salle de bains pour consommer juste à côté de moi. Sidération. Je hurle, je lui dis d'arrêter, il est en train de tout foutre en l'air. Des mois que je fais attention, et lui qui me nargue comme ça, narquois. « Putain, t'abuses ! » je lui crie. Ses yeux deviennent noirs, il m'attrape violemment et me pousse, jusqu'à me faire tomber sous la douche. Sidération, encore. C'est l'homme que j'aime qui m'a fait ça ? Je me sens menacée. Je pleure de rage. Je suis paralysée.

Comme nous n'avons aucun revenu, je fais la queue auprès de l'aide sociale afin de nous nourrir. Les colis alimentaires n'ont plus de secrets pour moi. Je remercie le ciel pour toutes ces associations qui œuvrent dans l'ombre et me permettent de manger, et de me brosser les dents. Un jour, je finis par avertir mes grands-parents de ma situation, mais à demi-mot. Poune perçoit ma détresse et agit. Il me dégotte, après beaucoup de difficultés, un appartement HLM. C'est un tel soulagement.

Un studio tout propre, chauffé, sécurisé. Je vais pouvoir souffler un peu. Ma reconnaissance envers mes grands-parents est indescriptible. Sans doute n'est-ce pas un hasard si c'est chez eux, d'ailleurs, que je perds les eaux un soir que nous dînons ensemble. Je me suis levée, j'ai esquissé un « oh » de surprise. La poche était percée.

Aussitôt, Poune m'a conduite à la maternité de Port-Royal, où j'ai été prise en charge par les équipes médicales. Entre deux contractions, j'ai respiré profondément, calmement, je me suis connectée à mon corps, mon enfant que je sentais se mouvoir, je lui ai dit que j'étais prête, qu'il pouvait venir. J'ai accouché de mon fils en 2 h 40.

Pour vérifier que tout allait bien, l'hôpital a gardé mon bébé presque un mois en observation. J'ai vite été rassurée. Il allait bien, très bien même, la gynécologue de Port-Royal ne m'avait pas menti. J'avais arrêté le crack avant les trois mois de grossesse, j'avais fait de mon mieux pour mon fils ; mes efforts étaient récompensés : il était en parfaite santé. J'ai posé mon bébé sur ma poitrine, j'ai fermé les yeux. Je voulais donner une chance au présent.

Après la naissance, Kurt a débarqué comme un fou à la maternité. C'était une après-midi grise. Son sourire mauvais m'a tout de suite alarmée. Clin d'œil. Il avait du crack plein les poches. Devant nous, dans la chambre d'hôpital, il a commencé à sortir sa drogue, hilare. « Regarde, on va pouvoir fumer dans les toilettes » a-t-il dit. Personne n'avait rien vu, ni les médecins ni les infirmières. Je n'en revenais pas. À ce moment-là, moi, je m'en tenais au café-clopes, je faisais toujours attention, mon nourrisson dans les bras. J'ai piqué la plus grande colère de ma vie. Jamais je ne me suis montrée plus cassante, plus féroce que ce jour-là. Cette limite-là était une limite rouge, et Kurt l'avait franchie. C'était intolérable. Je lui ai hurlé dessus, lui ai crié de se barrer avec sa dope, tout mon sang était en train de bouillir, et pourtant j'étais glaciale. Kurt a filé sans demander son reste. Sans doute ne s'attendait-il pas à une telle colère de ma part. Pendant quelques jours, je n'ai pas eu de nouvelles de lui. Il valait mieux. Je lui en ai tellement voulu. Parce qu'il exposait notre fils, et parce qu'il jouait avec ma frustration. Il ne cessait de franchir les bornes de l'acceptable, il me poussait à bout, sans se rendre compte que mes sentiments pour lui, irrémédiablement, blanchissaient comme les murs de l'hôpital.

Chapitre 11

Renaissance (Montpellier)

La vie a repris, douloureusement. Le RSA ne suffisait pas. Épuisée par mon fils qui ne faisait pas ses nuits, terrifiée par les accès de violence de Kurt, j'ai continué à faire la manche pour compléter mes fins de mois, jusqu'au jour où j'ai trouvé un poste dans une start-up dédiée à la photographie. L'emploi me plaisait, m'offrant à la fois un peu de stabilité financière et sociale, mais aussi un moteur personnel pour mon quotidien. J'ai rencontré ensuite Katia, une jeune femme brillante, ouverte, qui partageait son temps entre Paris et Montpellier. J'ai souri. Montpellier… J'ai raconté à Katia mon installation manquée dans sa ville. « Écoute, si un jour ça t'intéresse, dis-moi. J'ai un appartement là-bas que je vais louer, vu que je compte me baser à Paris. On ne sait jamais. » J'ai pris l'info, j'ai remercié. Le soir, n'ayant pas encore obtenu de place en crèche pour mon fils, je le récupérais chez la nounou. Je rentrais tard, Kurt n'était pas souvent là, mais mon fils était en bonne santé et je le dévorais de baisers, de tendresses.

Un jour, le téléphone a sonné. Numéro inconnu. J'ai mis du temps à réaliser ce qui se passait tant le choc a été violent. Au bout du fil se trouvait un agent de protection de l'enfance. Des voisins s'étaient mis en relation avec les services sociaux pour faire un signalement de maltraitance et les alerter sur le danger que courait soi-disant mon fils. J'ai cru mourir d'injustice. De quel droit me faisait-on ça ? Ma vie prenait un virage inattendu. Accusée, moi ? J'étais prête à reconnaître toutes mes erreurs me concernant, mais que l'on touche à mon fils qui était le moteur de mon existence depuis ce fameux jour à la maternité de Port-Royal, non. Je me suis défendue. J'ai expliqué que le comportement alcoolisé de Kurt faisait parfois monter le ton, que je le forçais à partir du domicile dans ces cas-là, justement pour protéger mon fils. Après quelques jours, les services sociaux ont fait machine arrière, comprenant que je faisais ce qu'il fallait pour mon enfant, que je l'aimais et prenais soin de lui. Mais Dieu que je me sentais fatiguée ! Il fallait lutter pour tout, tout le temps. J'en avais assez. Je voulais avancer, reprendre ma vie en main et souffler enfin. J'avais des choix à faire, et celui de partir s'imposait à moi. En effet, demeurer à Paris avait quelque chose d'éreintant : trop de mauvaises fréquentations, de sombres tentations, trop d'habitudes pouvant me faire replonger. J'ai appelé Kurt, je lui ai raconté ce qui s'était passé les derniers jours, car bien sûr, tout ce temps-là, il était absent. Il a gueulé mais j'ai bien senti qu'il avait le cerveau embrumé. Le mien ne l'était pas. Au contraire. Mon plan était très clair : j'allais saisir la main tendue par Katia. J'allais louer son appartement à Montpellier. Et cette fois, je n'attendrais pas Kurt. « Tu me rejoins là-bas si le cœur t'en dit. Sinon salut. » J'ai fourré quelques affaires dans un sac, pris mon fils sous le bras, et je suis partie.

Montpellier, c'est d'abord une lumière. Un soleil bleu qui déteint sur le ciel. Des bâtiments en pierre dorée qui multiplient les reflets. C'est une ville d'histoire et de partage, l'incarnation pour moi de l'espoir. Surtout, c'est une ville romanesque.

Souvenir ébloui du *Grand Cœur*, de Jean-Christophe Rufin : « En voyage, j'étais livré à la nuit. Quand le feu du repas mourait en braises, la terre, entièrement obscure, laissait éclater au-dessus de nous le cri des étoiles que l'obscurité du ciel dégagé de nuées faisait briller jusqu'à les rendre aveuglantes. J'avais le sentiment d'avoir brisé ma coquille. Je n'étais peut-être que le dernier de ces astres, le plus insignifiant et le plus éphémère mais, comme eux, je flottais dans une immensité sans limites ni murs. Quand nous entrâmes dans Montpellier, j'étais devenu un autre homme : moi-même. » Moi aussi, en entrant dans Montpellier, je serais une autre femme.

Grâce à la confiance de Katia, à laquelle je dois tant, et que je remercie encore dans ces pages, j'arrive à m'installer dans un appartement très agréable en banlieue. Rejoindre le centre-ville est facile et je retrouve le plaisir de flâner dehors. Je bats le pavé, mon fils serré contre moi, et je souris. Les rues grouillent de monde, de boutiques, parfois, je sens un parfum d'agrumes et de poisson traverser l'air. On pourrait être ailleurs qu'en France, et ce dépaysement dans un lieu devenu mon refuge me régénère.

Je m'étais faite à l'idée que Kurt ne viendrait pas. Un jour pourtant, je le vois devant ma porte, tout sourire malgré son regard vitreux. « C'est moi ! » Je hoche la tête. Il m'embrasse avant de se précipiter sur notre fils qu'il couvre de câlins. Mon cœur se serre un peu. Pas trop, pas longtemps.

Durant ma grossesse, alors que les journées grises s'étiraient sans fin dans la petite chambre de Massy-Palaiseau, je m'étais remise à la lecture. J'avais besoin de lire des ouvrages m'éclairant sur ce que je vivais et je connaissais déjà presque toute la bibliographie sur l'addiction. Les mots de Juan, le psychiatre espagnol, continuaient à tourner dans ma tête. Je mûrissais. Plus exactement, quelque chose en moi mûrissait, qui ressemblait de plus en plus à de l'autonomie, voire, j'ose le mot, à de la liberté. Était-ce pour cette raison que la présence de Kurt ne me perturbait pas autant que je l'aurais cru ? Il fumait sous mon nez régulièrement, il ne changeait pas, il n'avançait pas, contrairement à moi. J'essayais de lui parler, de partager avec lui ma compréhension du mécanisme de la pulsion addictive, en vain. Je n'arrivais plus à l'atteindre.

Un matin, au retour d'une longue promenade en ville, il se plante devant moi, l'air heureux. Il m'annonce avec un large sourire qu'il a renoncé à acheter un pochon de cocaïne qu'un dealer lui a proposé. « T'es fière de moi ? » me demande-t-il. À ce moment précis, je retrouve cette expression tendre qui me touche tant chez lui, sa petite tête de castor irrésistible, celle qu'il devait avoir enfant et qui m'a permis de lui pardonner tant de choses. Si je suis fière de lui ? Ce n'est même plus la question. Simplement je veux le croire, parce que si moi je ne le crois pas, qui donc le fera ? L'être humain est perfectible, c'est mon credo depuis toujours. Il faut encourager le meilleur en chacun. Malgré mon agacement latent, je prends Kurt dans mes bras, il m'enlace en retour.

Je ne me souviens plus comment j'ai découvert la vérité. Mais je l'ai découverte rapidement. Le pochon de cocaïne auquel il avait renoncé se trouvait dans l'armoire, à peine dissimulé par quelques vêtements, accompagné de tout l'attirail sordide nécessaire à la préparation de ces pierres maudites.

Si j'étais fière de lui ?

À la seconde même, mon cœur s'est gelé pour toujours. Kurt et moi, c'était fini, et bien fini. Ma voix est devenue glaciale, la rupture était nette, limpide, aussi transparente qu'un torrent de montagne. « Tu prends tes affaires et tu te casses. » Je n'ai rien dit d'autre. Kurt a tenté de résister mais je ne lui ai pas laissé le choix. Je n'avais plus aucun doute. Il devait sortir de ma vie, de notre vie à mon fils et moi. Les liens de loyauté qui m'avaient si longtemps retenue venaient de céder d'un coup. Je ne le regretterais pas.

Les mois ont passé. Le départ de Kurt a allégé l'atmosphère. L'été est revenu. Je me suis autorisée à sortir, à sortir dans des clubs, à profiter de soirées électro. Un DJ rencontré à l'une de ces occasions m'a offert une parenthèse amoureuse agréable, salvatrice. La vie revenait, et j'y avais droit. À la rentrée suivante, mon fils est parti à la crèche et moi, j'ai recommencé à prendre du poids. Les vases communicants, toujours. L'idée du crack s'est glissée entre ma nouvelle vie et moi. Des images obsessionnelles de consommation me hantaient. Toutes les frustrations auxquelles Kurt m'avait exposée tournaient en boucle dans mon esprit. Alors, j'ai connu des rechutes. Je m'en voulais de céder, mais c'était parfois plus fort que moi. Dans ces moments-là, pour m'aider, je mâchonnais les réflexions de Juan comme un bâton de réglisse, longuement : il ne s'agissait peut-être pas d'éradiquer mon rapport viscéral à la pulsion, mais de mieux le contrôler, de le doser. C'était dans ma nature, ou du moins dans mon histoire, d'être traversée par ces pulsions addictives, cela faisait partie de moi, que pouvais-je faire sinon l'accepter humblement, sincèrement ? Non, je n'étais pas parfaite, mais j'étais vivante, et ça, je pouvais en être fière. Succomber à l'envie de fumer faisait de moi un être humain, avec ses faiblesses et ses failles. Alors, si curieux que cela puisse paraître, c'est en m'autorisant de temps à autre à fumer du crack que j'ai fini par m'en libérer. Par détachement, comme une histoire d'amour qui se termine et qu'il faut abandonner au passé. À ceux qui penseront que je fais ici l'apologie de la drogue, je réponds que non, aucunement, je ne sais que trop les dégâts de ces substances sur l'organisme et le mental. Ce que je veux partager, c'est juste une intuition forte au sujet de la pulsion addictive. Je m'étais jusque-là trompée d'adversaire : lutter contre la pulsion, c'était lutter contre ce que j'étais. Lutter contre ce que j'étais, c'était m'empêcher de vivre. Il ne fallait pas combattre, il fallait accepter. Car c'est par l'acceptation que j'allais pouvoir me réconcilier avec moi-même, et enfin renaître.

Je me suis alors lancée dans une grande exploration de mon propre être. À cette époque, je suis cent pour cent cérébrale, chez moi, tout passe par le mental, et je suis totalement déconnectée de mon corps. Je ne jure que par Tony Robbins, un coach et essayiste américain prônant la marche sur le feu pour surmonter ses peurs. Je découvre l'auto-hypnose, et midi et soir sur mon portable je lance des pistes de cette discipline, en suivant un calendrier rigoureux pour bien remplir mes vingt et une répétitions. Par ailleurs, je teste les programmes américains de développement personnel de ma mère, un magnétiseur, le guérisseur de ma grand-mère. Je lis des traités d'addictologie et de très nombreux livres de développement personnel qui, tout en tâchant de me faire croire que je suis une personne formidable, m'incitent à l'auto-tyrannie. Un cadre autoritaire, culpabilisant. Si je cède à la tentation d'un morceau de fromage après un repas déjà nourrissant, c'est que je suis minable, j'ai failli, car selon ces programmes, il suffit de se contraindre par la discipline ou de se conditionner psychologiquement pour éradiquer toute émotion ou vulnérabilité. Dès le matin je me répétais en boucle dans ma tête : « Aujourd'hui, je tiens le plus longtemps possible sans manger, au moins jusqu'à 18 heures », et comme à midi j'avais déjà cédé sur un Latte, bien sûr je me sermonnais : « Tu viens d'ingérer quelque chose, un simple café, mais un café quand même, donc tu viens d'ouvrir la case "manger" dans ta tête. À présent c'est fichu, tu vas déjeuner, grignoter en fin d'après-midi, dîner ce soir. Compensation obligatoire : demain, c'est jeûne absolu », etc. Je ne constatais pas d'amélioration de mon état. Je savais bien, de par mon parcours, que j'étais ma propre solution à mes problèmes, que rien ne viendrait de l'extérieur, que personne d'autre que moi ne pouvait agir sur ces pulsions, mais je savais surtout qu'il n'y avait pas de solution unique, simple, immédiate, définitive, juste une observation patiente de tous les jours, et une persévérance à vouloir être la meilleure version de moi-même au quotidien, en fonction de mes propres possibilités. Hélas, l'épreuve consistant à arrêter de tout contrôler, tout en craignant de prendre du poids dès que je lâchais la bride, me plongeait à nouveau dans un cycle de contrôle et de mesures extrêmes. J'ai tenté des régimes promettant monts et merveilles, j'ai repris un peu le sport. Selon la phase dans laquelle je me trouvais, j'étais contente de moi, de mon corps redevenu tonique, ou bien à l'inverse je me sentais déprimée, sans cesse rattrapée par mes démons.

J'ai lu dans un autre ouvrage de développement personnel qu'il fallait tenir des carnets intimes, sorte de journaux de bord. J'en ai commencé dix, je n'en ai achevé aucun. J'étais la reine des débuts et j'adorais ça. Ah ! ce moment où, stylo en main, je ressentais un plaisir fou à décrire mes impressions, mes sensations ! Passé le cinquième jour, cependant, je délaissais ma nouvelle habitude. Je m'en voulais. Alors, des semaines après, je recommençais à écrire mon journal. « Cette fois c'est la bonne, cette fois j'irai au bout. » Je ne le faisais pas. À l'enthousiasme du début succédait une période de découragement profond. Ou bien la vie, tout simplement, me portait sur d'autres choses ; il suffisait alors d'un rendez-vous raté pour que mon nouveau rituel sorte de mon circuit. Ma pulsion alimentaire me reprenait. C'était une boucle sans fin, et malheureusement aucune recette miracle ne fonctionnait sur moi. Alors je me suis questionnée. Et si, justement, il ne fallait pas de recette miracle ? Si la voie juste consistait à ne pas chercher à me faire rentrer au chausse-pied dans un cadre qui rudoie, qui me blesse, qui ne m'aide pas à m'aimer moi-même ? C'était là une petite graine qui allait germer en moi…

En attendant, la souffrance étant si forte par instants, il m'est arrivé de consulter des psychologues, sans jamais trouver de thérapeute idoine. Rien d'étonnant à cela, si l'on considère que j'attendais une solution miracle en l'espace d'une seule séance ! Et pour cause : j'y allais toujours lorsque mon moral était au plus bas, sollicitant de l'aide au dernier moment. Parfois aussi, c'était le prix des consultations qui me décourageait. Régulièrement, je ressentais de la honte en exposant les détails de ma vie et de ma personnalité, sans parler de l'incompréhension que j'ai pu déceler chez les personnes que mon histoire dépassait.

Une petite voix m'a alors soufflé que ce que je ressentais face à ces injonctions brutales ou ces réactions insatisfaisantes, tristement vouées à l'échec, devait être partagé par bien des gens. Quel soulagement ce serait d'avoir un espace d'accueil privé, dans un format 100 % digital, sans visio, sans regard de l'autre, disponible vingt-quatre heures sur vingt-quatre, qui vous épargne le récit complet de votre vie depuis l'enfance, qui ne vous force pas à y revenir, qui ne vous force à rien d'ailleurs... Les germes de ce qui allait devenir mon grand projet commençaient à percer.

C'est peu après cette période que j'ai commencé les thérapies comportementales et cognitives, dites TCC, que j'avais déjà eu la chance de découvrir en huis clos avec Stéphanie K., docteure en psychologie et sociologie, lors de conversations privées. J'ai été stupéfaite par la puissance de cette approche, et je me suis dit : « OK, c'est ça qu'il faut, en parallèle du travail de fond avec un psychologue si besoin ou envie. »

À côté de cette discipline, j'ai testé d'autres rituels de développement personnel : se réveiller à 5 heures du matin, pratiquer le jeûne intermittent, m'essayer à la méditation pour les nuls, au dessin méditatif, à la danse primitive, au théâtre cathartique…

En toute sincérité, je me suis rendu compte que je finissais toujours par me lasser de tout au bout d'un moment. Néanmoins, savoir que ces approches existaient, qu'elles m'avaient fait du bien à un instant donné, me laissait à disposition comme une précieuse boîte à outils dans laquelle piocher lorsque le besoin s'en faisait sentir, à condition, naturellement, d'avoir la volonté de me mettre en action. La pluridisciplinarité est réellement une chance infinie pour la liberté humaine. Quel que soit le domaine qui nous touche, on peut naviguer de l'un à l'autre en toute souplesse, ou se focaliser sur un champ spécifique en cas de coup de cœur. Tout est possible pour qui souhaite explorer les différentes facettes de soi. Cet infini à portée de main résonnait profondément en moi.

Petit à petit, j'ai cheminé dans ma propre existence. Programmes rigoureux, diktats, ordres et contrordres, culpabilisation, auto-humiliation : j'ai tout arrêté le jour où j'ai compris que je devais faire la paix avec mes démons. Ils sont là, ils ne partiront pas. Je dois les accueillir. C'est un solide verrou mental à faire sauter : en finir avec l'idée de perfection, qui n'existe pas, qui n'existera jamais. Passer outre une forme d'idéal a quelque chose de douloureux au début, parce qu'on a l'impression de descendre en dessous de soi-même, en dessous des promesses qu'on s'était faites. Mais je pose la question : et si ces promesses-là n'étaient pas les bonnes ? Plus, si elles étaient tout simplement insoutenables, inhumaines ? Le concept de perfection est séduisant, mais il est terrifiant. La nature ne fonctionne pas ainsi. Le monde entier repose sur le principe d'entropie : il faut du désordre pour qu'il y ait de l'ordre, de la destruction pour qu'il y ait construction, de la mort pour qu'il y ait du vivant. Nous sommes la nature. Nous sommes habités par cette contradiction-là, définition même du vivant.

Chapitre 12

L'entourage

Lorsqu'on est traversé par des pulsions addictives, le plus difficile, souvent, est de se rendre compte qu'on fait souffrir notre entourage. Je l'ai dit plus haut, jamais je n'oublierai le regard désemparé de Moune et Poune lorsqu'ils m'ont vue au plus bas. J'avais honte de leur infliger ça, j'avais honte d'être comme ça. Mais il y a une échelle de la honte, comme il y a une échelle de la douleur. Certaines pulsions sont plus faciles à partager que d'autres. Dans mon cas, la pulsion alimentaire était plus difficile à faire comprendre que l'addiction au crack, même si cette réalité peut sembler contre-intuitive.

Tous les matins, je me réveillais obsédée par la nourriture (qu'est-ce que je vais manger, qu'est-ce que je ne dois pas manger, qu'est-ce que j'ai le droit de manger) ou par la stratégie d'évitement de la nourriture (comment vais-je faire pour ne pas manger alors que je suis invitée ce midi au restaurant, que je dois voir des amis ce soir, que ma grand-mère a préparé un si bon repas exprès pour moi, etc.). Je me couchais obsédée par ce que j'avais fait de mon rapport à la nourriture dans la même journée (je n'ai pas réussi à ne pas manger, j'ai pris trop de féculents, j'ai goûté aux biscuits apéritifs avec les amis, demain je me restreindrai et je ferai du sport, etc.). Tout cela a longtemps, et encore récemment, impacté mon quotidien, mais j'ai appris à nommer les choses, même si c'est très dur. Oui, pour moi, parler de la pulsion alimentaire est encore plus éprouvant qu'avouer une addiction à la drogue ; la drogue a pour elle la puissance de la chimie, de la substance qui rend dépendant, contrairement à la nourriture qui fait partie de notre ordinaire à tous. Elle est souvent mal comprise par ceux qui n'en souffrent pas, par ceux qui ont un rapport non problématique à la nourriture. Leurs conseils seront toujours les mêmes : reprends-toi en main, montre plus de volonté, mange plus équilibré, fais du sport… Et ce retour-là est encore plus douloureux pour la personne addict. J'ai eu parfois envie de crier : « Mais si c'était aussi simple, tu crois vraiment que je souffrirais autant ? » Dans ces moments-là, confier à mes proches mon état personnel devenait impossible, et je préférais me taire.

Ainsi, parler ouvertement de nos problèmes d'addiction avec notre famille peut aider si l'on se sent entouré, aimé et compris. Mais si vous ne vous sentez pas de partager ces choses-là avec vos proches parce que vous craignez de faire face à une compréhension partielle et superficielle des souffrances qui vous habitent, aucune obligation non plus, à chacun de définir ce qui est bon pour lui. La seule conviction que j'ai, grâce à ma propre expérience mais aussi grâce aux témoignages d'autres personnes rencontrées ici et là, c'est que l'on gagne toujours à nommer la réalité *pour soi*. Reconnaître et accepter qui l'on est peut sembler simple en apparence, mais c'est souvent la chose la plus difficile au monde. Pourtant, c'est le point de départ essentiel pour n'importe quel mouvement en soi.

Il y a des chemins qu'on doit emprunter seul, et celui du rapport aux pulsions addictives en fait partie. Souvent l'entourage ne se sent pas d'aborder le sujet, par peur de blesser, de se montrer trop intrusif, de culpabiliser la personne aimée. Effet miroir, la personne traversée par des pulsions addictives ne souhaite pas forcément discuter avec ses proches non plus, parce qu'elle a honte, parce qu'elle s'en veut, parce qu'elle tient à faire illusion. De ce fait, l'entourage n'est pas toujours le mieux placé pour recevoir nos confidences, nos aveux de fragilité, surtout quand c'est dans son noyau que se sont cristallisées les pulsions. Le problème avec les proches, c'est précisément leur trop grande proximité ! Ayant moi-même été confrontée à cette situation, je me suis demandé comment aider les autres. Je sentais que la clé résidait dans le concept d'autonomie : pouvoir se prendre en main sans avoir de juge en surplomb, sans censeur ni charge morale, sans être cher à protéger non plus. L'idée d'une méthode, d'un mouvement à partager, a commencé à germer en moi, quelque chose que, dans mon for intérieur, j'ai tout de suite baptisé la méthode My Addie. À ce moment-là, rien de concret encore, juste une intuition forte : il est possible de trouver en soi les ressources nécessaires pour vivre avec ses pulsions addictives, sans les subir. Pour y parvenir, briser la solitude est une étape essentielle.

Alors sachez-le :

Vous les addicts au sucre, à l'alcool, au travail, au sexe, à la came, vous n'êtes pas seuls.

Vous les addicts aux écrans, au tabac, aux médicaments, au sport, aux jeux, vous n'êtes pas seuls.

Vous les addicts à l'adrénaline, à l'inconnu, aux sports extrêmes, à la nourriture, au cannabis, aux achats compulsifs, vous n'êtes pas seuls !

Non, vous n'êtes pas seuls à connaître ce genre de pulsions, à en souffrir, jusqu'à faire souffrir quelquefois les vôtres.

Oui, vous pouvez vous sortir vous-mêmes du cercle vicieux, sans pour autant solliciter vos proches et vous mettre en position gênante vis-à-vis d'eux.

Faire la paix avec vous-mêmes est possible. Vous avez, nous avons tous, cette liberté-là.

Je me souviens du cas d'Annabelle, infirmière à Strasbourg. Cette femme m'a confié prendre de la MDMA en petites doses la journée pour supporter la dureté de son travail. La récente crise Covid, le manque de moyens, les équipes clairsemées, les horaires décalés, les patients dont elle ne peut prendre soin comme elle le voudrait, tout cela la rend malade. Quand elle rentre chez elle, elle s'achève à la Kétamine, un analgésique et anesthésique généralement utilisé par les vétérinaires, qui crée une sensation de dissociation du corps et de l'esprit. Annabelle consomme pour oublier, pour s'arracher à une réalité qu'elle déteste, pour ne plus éprouver cette impression douloureuse de ne plus faire corps avec ses valeurs, avec son idéal. « On ne choisit pas de devenir infirmière pour laisser les gens souffrir. Et pourtant, c'est ce qui se passe de plus en plus aujourd'hui. Je ne le supporte pas. Alors je me drogue. Moi, l'infirmière, eh bien oui, je me drogue » avoue-t-elle les larmes dans les yeux. « L'autre jour, une amie m'a demandé, tout doucement, un peu gênée, si j'étais atteinte d'un cancer... » Annabelle relève la manche de son pull et me montre son bras. D'une maigreur terrifiante. Elle ne ressent plus la faim, elle ne mange plus. Pourtant, jamais elle n'avouerait que certaines de ses émotions l'effraient au point de la paralyser. Elle s'accroche à des histoires d'amour destructrices avec des hommes sans douceur, dans lesquelles elle alterne prise de pouvoir et vulnérabilité infantile. Une drogue de plus, en somme, et ces montagnes russes émotionnelles l'éloignent encore davantage d'elle-même.

Quand je lui ai parlé de mon propre parcours et de mon envie grandissante de trouver un moyen d'aider les autres, j'ai vu son regard s'éclairer. L'idée de pouvoir assouplir ses pulsions addictives en autonomie, de les tempérer, peut-être même de s'en débarrasser, sans devoir affronter le regard du corps médical, dont elle fait partie, ou de son entourage, qu'elle craint de meurtrir, est la première chose qui l'a fait réagir. « Ma plus grande peur, c'est ça : la sanction des autres. Leur jugement. Mais si j'arrive à mieux me comprendre et prendre le temps de trouver par moi-même le chemin le plus intuitif pour passer du subi au choisi, le tout sans avoir de comptes à rendre, alors oui, ça me donne envie d'essayer, vraiment ! »

Pour y arriver, il faut croire en soi. La confiance est le mot-clé. Les personnes traversées par de puissantes pulsions addictives perdent souvent confiance en elles du fait qu'elles se sentent incapables de maîtrise, de contrôle. Elles ont le sentiment de devenir le jouet de leur pulsion, d'être dominées par elle, ce qui peut être le cas à un moment. Mais rien n'est figé. Aucun état de souffrance n'est gravé dans le marbre. L'être humain évolue en permanence, comme l'écosystème dans lequel il vit, et le rapport aux pulsions (ou aux produits investis par ces pulsions) évolue lui aussi. Rien n'est définitif hormis la mort. Tant que l'individu est en vie, il peut inverser le cours des choses, danser avec ses failles, se reconstruire.

Il est un art au Japon nommé le *kintsugi*. Lorsqu'un vase est brisé, au lieu de chercher à recoller les morceaux de façon invisible, le *kintsugi* met en valeur les fêlures en y appliquant des feuilles d'or. Au lieu de dissimuler la faille, il la sublime. Ce sont les brisures apparentes qui enchantent l'objet. Ce sont elles qui font l'œuvre, singulière et unique.

Cette philosophie de la fêlure m'émerveille. Elle dit ce qui nous constitue, nous êtres humains, au plus profond. Ne cachons pas nos peurs, nos épreuves ; transformons-les en œuvres vivantes, qui pourront plus tard en inspirer d'autres.

Chapitre 13

Tous addicts ?

Mon parcours n'a rien d'académique, j'en suis consciente, pas plus que je ne suis représentative de la population générale. Excessive, nomade, passionnée, tiraillée... Une existence sur le fil, avec des prises de risque importantes, des menaces pour ma santé, un extrême appétit de découverte. Et pourtant. Au fil de mes expériences, j'ai compris que la pulsion addictive, si déterminante dans ma vie, était une constante chez l'être humain, qu'il habite Paris, Istanbul, Rio ou Sydney, qu'il appartienne à la bourgeoisie, à la classe moyenne ou aux bas-fonds. Nous portons tous ce mouvement qui nous pousse à chercher quelque chose en dehors de nous afin de nous sentir vivants, comblés, libérés de toute souffrance, de toute peur, de tout ennui.

Ainsi de ces deux personnes rencontrées au cours de mes pérégrinations.

D'abord, Julien. Trente-quatre ans, une petite maison près de la côte Atlantique, futur papa, qui refuse d'arrêter de fumer des joints parce qu'il ne sait pas très bien qui il est sans. Sa personnalité a été forgée par son rapport au cannabis, qu'il consomme depuis l'adolescence. Artiste, de cœur et de métier, il tire sa motivation, son calme, son inspiration, sa créativité de cette plante qu'il fume chaque jour, à des moments précis. Rouler l'herbe agit sur lui avec la force d'un rituel. De nature, Julien est plutôt bourru, un peu gauche dans ses gestes et sa posture, mais lorsqu'il s'assoit à son petit atelier pour rouler ses joints, ses mains deviennent légères comme des ailes, elles dansent, se font précises et délicates. Julien parle d'« amour du geste, et d'amour *dans* le geste ». Ce moment l'apaise, le rassure. Il craque une allumette, enflamme le cône, le porte à sa bouche en répétant : « Mon Dieu, comme j'aime ça… » Néanmoins, le doute s'est insinué en lui depuis quelques mois. La venue au monde prochaine de son fils le met en joie autant qu'elle le déstabilise. Quelles conséquences pour sa famille s'il continue à fumer ainsi ? Le cannabis lui permet-il vraiment d'être si créatif, si efficace qu'il le prétend ? Pourra-t-il arrêter un jour ? Fera-t-il fumer son premier joint à son fils lorsque ce dernier fêtera ses seize ans, comme il le souhaite secrètement, ou bien se pliera-t-il aux normes de la société qui martèle que fumer des joints vous expose à des risques graves pour la santé ? Il se rassure en songeant à ces endroits dans le monde où la consommation de cannabis est légale, par exemple en Hollande, où la population ne semble pas surexposée aux maladies ou aux décès précoces. Un jour peut-être, Julien pourra assumer sa passion ouvertement, sans peur d'être jugé, déprécié, ou tout simplement mis dans une case. Un jour peut-être, Julien modifiera son rapport à la substance et s'en détachera de lui-même.

Ce que je retiens de son histoire, parce que c'est là une donnée essentielle de la thématique de l'addiction, c'est la dimension de plaisir et d'adhésion à la pulsion addictive : Julien, pour le moment, ne souhaite pas abandonner ce mouvement intérieur. Je dirais plutôt qu'il le cultive. Je prends note de ce fait, sans en tirer de conclusions hâtives. Nous y reviendrons plus tard.

Dans un tout autre genre, je rencontre Aline, qui habite en région parisienne. Cette secrétaire de direction tient à bout de bras son foyer : un mari absent, pas tant physiquement que mentalement, trois enfants adorables mais énergivores. Les mille et un allers-retours en voiture, les embouteillages, la course pour déposer les gamins, les récupérer, aller au travail, revenir, passer au pressing, faire les courses, gérer les urgences, supporter les dimanches chez belle-maman… Elle n'en peut plus. Elle qui se rêve depuis toujours « au top », dynamique, svelte, volontaire comme ces mères parfaites qui peuplent les séries américaines, se sent en réalité pâteuse, fatiguée et terne. Elle enchaîne les régimes miracles qu'elle abandonne aussitôt : comment préparer à manger pour quatre tous les jours en se contentant, soi-même, de quelques crudités ? Son mari lui assure qu'elle est très bien comme elle est, qu'il l'aime ainsi, avec sa silhouette généreuse, et que ce n'est pas grave : « Avec un peu plus de sport, ça ira. » Aline soupire. Son mari ne comprend pas l'urgence qu'elle ressent à l'idée de retrouver une présence, une vivacité, un potentiel de séduction. Contrôler son corps, pour elle, équivaut à contrôler cette vie qui lui échappe. S'il suffisait de faire un peu de sport pour ne pas déjeuner deux fois d'affilée, pour ne pas dévorer de la charcuterie et du fromage la nuit quand tout le monde dort, pour ne pas se cacher aux toilettes pour engloutir une barre protéinée…, elle le saurait. Plus ses tentatives d'abolir la pulsion alimentaire sont violentes, plus Aline active en elle une sorte d'impuissance programmée. Petit à petit, elle perd l'espoir de retrouver de la joie dans ses journées, en conséquence de quoi elle déporte sa recherche de dopamine sur autre chose : masturbation à outrance, shopping en ligne, marathons Netflix. Elle n'a plus goût à rien. Dès qu'elle le peut, elle se perd dans les jeux sur son smartphone, au point de ne plus sortir de son lit pendant des heures. L'anesthésie. Le vide. Puisque rien ne semble pouvoir la combler, elle préfère abandonner, et succombe à ses pulsions corps et âme.

Cette histoire m'a beaucoup touchée. Aline incarne pour moi ces gens ordinaires qui se battent au quotidien, qui ont un emploi, une famille, qui sont insérés dans la société, mais qui, en secret, souffrent d'une pulsion addictive leur rendant l'existence impossible. Contrairement à Julien, Aline n'est pas dans une forme de choix : elle subit ce qui lui arrive, elle est, comme elle l'avoue tristement elle-même, « malheureuse ».

Ces deux rencontres m'ont fait réfléchir. J'ai pensé de nouveau à Juan, le psychiatre espagnol, qui avait commencé à me faire comprendre que ce n'était pas tant sur l'objet visé qu'il fallait travailler (alcool, tabac, substances illicites, travail, sexe, jeux vidéo, argent...), que sur l'élan interne nous portant vers cet objet. Il y avait là un changement de paradigme puissant. Je me suis rappelé l'exemple de l'homme addict à la cocaïne, qui avait fini par faire retomber la pression pulsionnelle en s'autorisant quelques moments de consommation assumés, jusqu'à ce que ce désir le quitte, remplacé par une frénésie sportive. J'ai fait ma propre analyse. Lorsque moi, je désirais fumer du crack, que désirais-je réellement ? L'apaisement provoqué par la drogue, les paradis artificiels, la transgression ? Ou bien le bannissement de la sensation de faim ? Cette dernière question surprendra. Comparer la consommation de crack et le rapport à l'alimentation semble dépasser le sens commun, tant les deux univers paraissent opposés. D'un côté on a affaire à un besoin créé artificiellement par les substances toxiques, qui mêle illégalité et nocivité forte. De l'autre, on observe un cadre non seulement légal mais encore indispensable à toute vie humaine. Dit simplement, on peut vivre sans fumer, on ne peut pas vivre sans manger. Et pourtant. Si je fumais du crack pour ne pas manger, cela signifiait que ma véritable pulsion addictive restait la pulsion alimentaire. Et pour quelle raison demeurais-je soumise à cette pulsion-là, plus sournoise, plus ancrée et honteuse à mes yeux que la drogue dure ? Pour quelle raison cette pulsion-là me plongeait-elle dans des tourbillons de désespoir plus tenaces et insidieux que le crack ? La peur enfantine de ne pas être aimée, d'être abandonnée, rejetée à cause d'un physique trahissant une absence de contrôle, était sans doute à l'origine de ce dérèglement. Et pourtant. Je n'étais pas plus heureuse maigre… Après les deux premières années de folie douce à fumer du crack et à perdre du poids sans rien faire, puisque la drogue me coupait l'appétit, j'ai pu mesurer l'ampleur du désastre. Avant ma grossesse, j'étais un squelette, quarante kilos à peine. Cela aurait dû constituer mon auto-consécration, j'étais maigre, enfin, mon rêve était atteint ! Ironie tragique. Face au miroir, un matin, je me suis regardée sans me reconnaître. Transparente. Toute la lumière dans mes yeux noirs, éteinte. Mon sourire, un rictus. Rien n'allait. J'étais maigre, mon objectif était réalisé, mais je n'avais jamais été aussi malheureuse. Tout ça pour ça, alors ? M'étais-je trompée d'idéal à ce point ? Ce jour-là j'ai commencé à saisir que je devais changer les choses, que cette situation ne me convenait pas, que je méritais mieux que ça. Comme le noyé qui touche le fond et tape un grand coup de pied pour remonter à la surface, j'ai compris que mon bonheur ne se nichait pas dans le culte d'un corps sans formes, sans graisse, sans vie, mais dans autre chose, qu'il allait me falloir découvrir…

Identifier les causes de ma pulsion ne m'a pas permis de m'en dégager pour autant. La psychologie, chez moi, n'était pas une réponse suffisante : j'avais besoin d'actions concrètes. Il est tout à fait possible qu'il en aille autrement pour vous, que l'introspection constitue une aide puissante et définitive, et si tel est le cas, vous aurez trouvé comment tracer votre propre chemin. Pour ma part, cette réflexion intérieure sur les événements qui constituent mon passé ne représentait qu'un aspect d'un processus beaucoup plus vaste.

La pulsion alimentaire étant mon fardeau, je dois faire avec, je dois dialoguer avec. J'observe aujourd'hui que certaines situations la réactivent particulièrement : rendez-vous familiaux, repas de groupe, sorties au restaurant, voyages dans un nouveau pays, avec toutes les tentations induites (cette envie de goûter les saveurs d'une nouvelle culture), ou tout simplement l'ennui, la peur et l'anxiété, etc. Mais le cas de figure le plus banal, donc le plus à risque vu qu'il se présente tout le temps, est pour moi le moment de transition entre la journée de travail et le retour à la maison. Ce sas-là, si délicieux pour tant de gens, représente mon cauchemar inavouable. Vers 18 heures, lorsque l'énergie et l'adrénaline de la journée retombent, qu'il faut endosser le costume de la mère de famille qui dirige son foyer, ce moment où la vie ordinaire me rattrape, avec ses répétitions mornes, son ennui, sa douceur un peu trop attendue, quand la fadeur menace mes rêves d'échappée, je me sens vaciller. L'envie de grignoter, voire de faire un repas avant le repas, me travaille au corps. Pourtant je ne veux pas céder. Comment faire ?

Déjà, en prenant conscience que ce moment-là, pour moi, est un moment délicat, en nommant les choses, il me semble subir un peu moins la situation. Ou disons que je parviens mieux à la traverser. Je mets alors en place des rituels pour m'aider. Avant de rentrer à mon domicile, par exemple, je peux aller marcher, danser, errer, une demi-heure pour laisser mes pensées se dénouer. Parfois, j'active l'ambiance « feu de cheminée » sur mon écran de télévision et je regarde les fausses flammes pendant cinq minutes sans rien faire. J'imagine que d'autres que moi feraient une séance de méditation, du yoga, que sais-je. D'autres fois encore, lorsque je pressens une pulsion vorace sur le point de s'inviter en moi, je me prépare des légumes sous toutes les formes, pour « atténuer » le bilan énergétique global de ma crise. Il m'arrive aussi d'écouter un album entier d'un artiste que j'ai longtemps délaissé, et de ne faire que ça. De la première note à la dernière : je lui offre toute mon attention. Peu importe finalement le geste, l'essentiel pour moi est de ne pas rester figée sur l'angoisse montante, qui va activer la pulsion : il faut que cette dernière me traverse, et surtout que je ne la retienne pas. Et si cette fois-là, elle me submerge, je ne m'auto-flagelle pas. Cela peut arriver, et va sûrement m'arriver encore de nombreuses fois, il faut prendre de la hauteur et ne pas dramatiser le geste à l'excès, sous peine de renforcer son aspect obsessionnel.

Instiller un peu de logique dans mon discours intérieur m'aide aussi. Sans doute est-ce grâce à mon fils et à mon nouveau rôle de mère, ainsi qu'à la présence infiniment lumineuse de ces amis de cœur qui m'entourent, mais j'accepte enfin l'idée que l'amour de mes proches ne dépend pas de mon poids ni de mon tour de taille. Je remets du rationnel dans l'irrationnel. Sur le plan des sentiments, je m'apaise aussi car je me sens plus autonome. C'est ainsi, au gré des jours, que se dessine ce chemin de réconciliation entre moi et moi-même, entre mon quotidien et mes pulsions. Et parce que je sais, grâce à la littérature et à mes échanges avec les autres, que ce que nous avons de plus singulier exprime souvent ce qu'il y a de plus universel, l'envie de partager mon parcours pour aller à la rencontre des autres devient très forte. Sans doute y a-t-il quelque chose à tirer de ma propre expérience pour aider toutes celles et tous ceux qui sont confrontés à la pulsion addictive.

Chapitre 14

Le début d'une grande aventure

C'est dans un mélange d'enthousiasme, de rationalité et de bouillonnement créatif que je rencontre un matin les membres d'une association nommée « Les Déterminés ». Il s'agit d'un incubateur de projets dont m'a parlé une connaissance qui voulait qu'on monte une plateforme de cours d'anglais en ligne. Ce n'est pas cette structure-là que je présenterai à Fatima et aux autres Déterminés ce fameux jour, mais les fondements principaux de My Addie, ce projet encore embryonnaire mais qui m'inspire de plus en plus.

D'une élégance remarquable, Fatima, la responsable des programmes, passe une tête dans le hall principal. « Ashley Taïeb ? C'est vous ? Préparez-vous, vous passez dans cinq minutes. » Je vais avoir quelques minutes pour présenter mon idée. J'ai l'impression qu'on vient de me proposer un saut à l'élastique au bord d'une falaise. Mais ce n'est plus le moment de reculer. J'observe comment font les autres, je tâcherai de faire comme eux. Je cadenasse mon trac, je souris, et j'entre dans la pièce où m'attendent les différents jurés. Je comprends tout de suite qu'il va falloir capter leur attention, que je n'aurai pas deux fois la possibilité de les convaincre. Je sens aussi que ce qui compte pour eux, avant le projet, c'est la personne. Alors je me lance. Aussi simplement que possible, je raconte mon histoire. D'Ibiza à Montpellier, en passant par la rue et les galères, je raconte. Oui, on peut arrêter de subir ses pulsions addictives et apprendre à vivre avec, j'en suis l'incarnation vivante. S'il y a eu un chemin pour moi, il n'y a pas de raison qu'il n'y ait pas de chemin pour eux, pour vous, pour nous, pour tout un chacun. Encore faut-il le découvrir et surtout, pouvoir s'y aventurer sans jugement, à son rythme. Mon idée est encore assez floue, mais elle inclut le projet d'un programme en autonomie, proposant des disciplines différentes sous format digital. J'aimerais offrir un lieu aux addicts, comme un refuge. Un espace auquel chacun pourrait se connecter quand il le souhaite, à n'importe quelle heure du jour ou de la nuit, lorsqu'il est traversé par une pulsion addictive, sans avoir à subir des délais d'attente éprouvants pour rencontrer des professionnels sans avoir à dépendre de qui que ce soit, sans avoir à faire passer son mal-être par le tamis de la bienséance. Dans cet espace rêvé, la tonalité ne serait pas celle classiquement usitée : pas de vocabulaire surmédicalisé, pas de jugement, pas de culpabilisation de la consommation, pas de dramatisation. Juste un espace d'accueil qui offre un apaisement immédiat.

J'ai terminé ma présentation orale le cœur battant. J'ai plissé les yeux, tendu l'oreille. Le silence autour de moi était frappant. Compact. Certains jurés avaient les yeux brillants. J'ai compris qu'il s'était passé quelque chose. Fatima s'est levée. Tous m'ont remerciée. Ils me téléphoneraient pour me dire quelle suite ils accorderaient, ou pas, à mon projet.

Le soir même, l'un des partenaires m'appelait.

A commencé alors pour moi un programme de six mois d'accompagnement professionnel. Il y avait des modules destinés au business-plan, d'autres à la communication, à la comptabilité, etc. J'étais déterminée, moi aussi. Le travail était colossal, mais mon intuition résistait à tous les aléas : il existait un moyen d'aider les gens à faire la paix avec leur(s) pulsions(s) addictive(s).

Durant ces six mois, j'ai tout appris. Les bases de la suite Word et de la comptabilité, ce qu'est un produit, la communication, les réseaux sociaux dans le cadre du travail… Au fur et à mesure je me suis rendu compte que tout cela était extrêmement complexe et tentaculaire. Pour la première fois, je suis confrontée au retour direct des gens. Il y a parfois des désaccords. Tout le monde me pousse vers l'associatif, or si je veux aider les autres, je ne veux pas créer un doublon de ce qui existe déjà. L'addiction étant souvent perçue comme un trouble lié à un environnement social donné, généralement précaire à cause de la drogue, l'horizon associatif est la première réponse qui vient à l'esprit des gens. Mais cela m'enferme dans des codes trop étriqués, trop teintés de stéréotypes réducteurs et stigmatisants. Moi, je veux aider tout le monde, quel que soit le type d'addiction, en mettant en œuvre une véritable dynamique d'effort et en proposant quelque chose de qualitatif. Je reste fidèle à mon idée d'ouverture. En parallèle, je tente de développer une première version du concept en No code, j'y passe des nuits entières pour arriver à un résultat assez approximatif, mais qui me permet déjà de rendre mon projet un peu plus concret. L'idée du modèle digital se renforce. Cependant, force est de constater qu'il me faut passer un cap pour rendre possible le développement de l'application My Addie. Un cap économique, financier, structurel.

Petite, je me rêvais à la fois en aventurière et en cheffe d'entreprise. *Hannah*, de Paul-Loup Sulitzer, roman biographique dérobé dans la bibliothèque de ma grand-mère, qui relatait le parcours hors norme de Helena Rubinstein, avait fait forte impression sur moi. On pouvait donc mener une vie riche d'aventures, heureuses ou tragiques, et fonder un jour un empire financier international ? Je trouvais cela fabuleux. Le monde de l'entreprise, dans sa dimension créatrice, m'intéressait et m'attirait. Aussi, lorsque j'ai entendu parler de l'émission de M6 « Qui veut être mon associé ? », qui consiste à présenter en quelques minutes un projet professionnel à un jury d'entrepreneurs, ai-je voulu tenter ma chance. Cela faisait six mois que j'affinais l'idée de My Addie avec les Déterminés, je ne risquais rien sinon un refus. En revanche, si par hasard j'étais prise, je parviendrais peut-être à réunir des financements essentiels au lancement du projet, à faire connaître mes idées et mon envie de créer une approche nouvelle de l'addiction, ma « croisade » personnelle, pourrait-on dire.

Quelques semaines plus tard, en apprenant que j'étais retenue par le casting, mon cœur a fait un bond dans ma poitrine. C'était, une fois de plus, une confirmation de mes premières intuitions.

La question touchait les gens, elle résonnait ou intriguait ; sans doute y avait-il tout un terrain à défricher en parallèle de ce que proposent la médecine et la psychiatrie.

Avant le passage sur le plateau, tandis que la maquilleuse ourlait mes yeux d'un trait d'eye-liner, j'ai respiré profondément, je me suis connectée à moi-même, sans fard, sans attentes, avec toute ma sincérité et toute mon humilité, prête à accueillir ce que la vie me réservait, comme durant mon accouchement. Dans mon dos, tatouée au bambou, la déesse éléphante veillait. Je pouvais me reposer sur elle. J'avais confiance. Oui, pour une fois, j'avais confiance, pas seulement dans mon projet professionnel, mais dans l'utilité de ma démarche. « Voilà ! Vous êtes magnifique ! » a déclaré la maquilleuse en reposant ses pinceaux. Mon regard était brillant, vif. Un homme a passé une tête dans la loge. « Madame Taïeb, c'est à vous dans cinq minutes. » Il ressemblait à tous les régisseurs, avec un casque-micro sur la tête. Je me suis levée, j'ai contemplé mon reflet dans la glace. La femme qui me regardait n'était ni grosse ni maigre, ni grande ni petite, ni invincible ni vaincue ; elle *était*.

J'ai suivi le régisseur dans les couloirs noyés d'ombre. J'ai déjoué les câbles qui serpentaient au sol. « Une minute » a chuchoté le régisseur. J'ai acquiescé. La lumière du plateau était vive, presque aveuglante. Je n'ai pas fermé les yeux. De l'autre côté du décor se trouvaient les jurés, assis dans des fauteuils. « Go ! À vous de jouer… » La phrase m'a fait sourire. Je suis entrée dans la lumière.

Sur le plateau, alors que je commence à présenter My Addie, je sens l'attention se cristalliser sur moi. J'enchaîne en racontant sans fard ma propre histoire, les années de galère, le crack, la rue. Et surtout, je parle de la souffrance des addicts, j'essaie de rendre hommage aux héros du quotidien qui me donnent l'envie de porter ce projet à bout, aux M.-Mme Tout-le-Monde dont j'ai recueilli les confidences, les hontes et les espoirs.

En symbolisant trois parcours d'addiction par trois objets, je fais passer mon message. Une tirelire, pour le jeune homme qui un soir d'excès, emprunte les économies de son fils pour s'acheter un gramme de cocaïne. Un violon pour cette jeune fille brillante et passionnée, qui rate son concours d'entrée au conservatoire car elle aura trop fumé de joints avant de passer l'audition. Et une poubelle, pour cette mère de famille qui parfois le soir, victime de ses pulsions alimentaires, en est réduite à récupérer des restes dans les déchets pour

« avoir sa dose » en paix, sans que sa chère famille ne suspecte rien.

Je suis pleinement habitée par mon propos, et face à moi je vois des yeux qui perlent. C'est un moment suspendu, à part. Quand ma présentation se termine, il y a comme un silence chargé, étonné. Moi, je n'ai rien forcé, j'y suis allée avec mes tripes et ma passion. Et ça marche. Les investisseurs croient en moi. Ils croient tellement en moi qu'ils acceptent de me verser 100 000 euros. Mais ils croient sans doute davantage en moi qu'en mon projet d'appli, puisqu'ils me suggèrent fortement de devenir Youtubeuse. Pour eux, je suis faite pour être conférencière, devenir une sorte d'emblème de la cause, pas forcément pour monter une entreprise. Nous sommes en avril 2021, l'émission sera diffusée en janvier 2022 : j'ai un peu de temps pour affiner mes idées et bâtir mon projet.

En sortant du plateau heureuse et gonflée à bloc, je n'ai toutefois aucune intention de lâcher mon rêve de départ : créer un programme digital conçu comme un espace d'accueil immédiat et autonome pour les personnes qui veulent gérer leur pulsion addictive. Sur le fond, pour moi rien ne change, sinon cet incroyable soutien financier. Alors prendre les recommandations qui servent mon ambition, bien sûr, mais en continuant sur My Addie, pas sur le développement d'une carrière de Youtubeuse, car je pressens qu'il existe au-delà de ma propre expérience un mouvement beaucoup plus grand que moi. Et c'est ce mouvement-là que je veux lancer et diffuser.

Il n'en demeure pas moins que depuis mon passage aux Déterminés, j'ai compris que mon projet est énorme à créer et à gérer. Je ne suis absolument pas en mesure de le mener à bien toute seule. D'où l'importance pour moi de trouver des associés, des partenaires, des gens suffisamment fous et audacieux pour cheminer avec moi... J'ignore totalement comment mettre cela en œuvre, mais j'y crois et cela me suffit : c'est ma philosophie éternelle et mon moteur, avancer vers l'inconnu avec confiance et énergie, car là où je vais, ce sera le bon endroit.

Chapitre 15

De l'amitié

Malgré tous les cahots de mon existence, j'ai toujours fait confiance à ma bonne étoile. Et cette fois-là plus que jamais, j'ai eu raison de m'en remettre à elle. Peu après l'enregistrement de l'émission de M6, voilà que je fais l'une des rencontres les plus importantes de ma vie : Émilie. Émilie Villaret, celle qui m'a comprise comme personne à ce jour. Un véritable coup de foudre amical. Amie d'ami, Émilie a treize ans de plus que moi. Notre premier échange est des plus réjouissants. Je décèle tout de suite entre nous des points de partage, notamment notre goût des voyages et notre curiosité naturelle pour les cultures du monde. Il y a chez elle un désir de s'accueillir soi-même, qui résonne avec l'envie d'accueillir l'autre. De nos différentes traversées nous avons tiré une leçon similaire : quels que soient le pays et le contexte socioculturel, nous sommes tous « juste humains ». Cela constitue un socle, une base universelle. Émilie est ouverte, passionnée, elle m'interroge. Je lui raconte alors ma vie, pour que nous en extrayions la grande idée My Addie en alignement avec ce vers quoi je veux tendre, la nature profonde de ma mission. Émilie aborde alors le sujet du champ des possibles : emmener les gens vers le haut, vers des solutions douces, qui leur permettront d'apprendre à s'aimer et à se rencontrer pour s'améliorer et se responsabiliser. Cette dynamique d'effort demande de la discipline et de l'accompagnement, pour toucher la liberté en soi. Pour la première fois, je me sens vraiment en phase avec quelqu'un. Émilie m'a réellement comprise, elle échange avec moi comme personne d'autre jusque-là. Elle met des mots et des concepts concrets sur mes idées. En miroir, celle qui va devenir mon amie la plus proche se dit que je suis vraiment originale, et que j'habite à cent pour cent mon projet. Nous avons quelque chose à faire ensemble. Il se trouve que dans le domaine du business, la réputation d'Émilie n'est plus à faire. Forte de deux Executive MBA à Paris Dauphine et à UQAM au Canada et d'une carrière remarquable, spécialisée dans l'accompagnement des entreprises à la croissance, elle est la personne rêvée pour apporter à My Addie la structure et la base concrète qui manquaient jusqu'ici. Brillante, organisée et d'une efficience à toute épreuve, son ouverture d'esprit fait qu'elle accroche immédiatement à mon projet et désire partager avec moi cette aventure entrepreneuriale.

Toutes les deux, nous sommes attirées par le processus de connaissance de soi. Émilie, elle, est bouddhiste, elle a vécu en Inde et a suivi l'enseignement des maîtres. Érudite, elle a étudié les écritures anciennes des textes sacrés. La dynamique d'amour et d'accueil dont elle fait preuve me redonne foi en qui je suis et en mon projet. À sa manière, elle me permet de me reconnecter avec ce que j'avais entrevu lors de mon séjour en Birmanie, des années plus tôt. Elle me transmet des concepts tels que la recherche d'équilibre dans une vie jonchée de déséquilibres. Ce mouvement, cette impermanence qui fait que nous sommes en vie et vivants. La quête du chemin et non de l'arrivée. À ce moment-là, on n'est plus en guerre contre soi-même. On accompagne les soubresauts de l'existence au lieu de s'y opposer, puisque de toute façon s'y opposer serait vain. Pour filer la métaphore de l'océan, il s'agit de « naviguer avec le courant au lieu de lutter contre ». Bien sûr, cette ouverture désirée à ce qui nous dépasse ne se fait pas sans dynamique d'effort, c'est un acte de vitalité qui décuple notre énergie de vie.

Émilie va aussi me permettre de me reconnecter au corps. Mon corps. Elle qui a une longue pratique du yoga, puisqu'elle l'a même enseigné, sait de quoi elle parle. Ressentir physiquement les émotions, découvrir que tout ne se passe pas dans la tête est pour moi une prise de conscience fabuleuse. Certaines personnes ressentent la pulsion non pas comme une obsession mentale mais comme une vague dans le corps, une densité, quelque chose qui serre la poitrine, par exemple. Le corps est un indicateur et un outil de travail sur soi aussi important que le mental. Il est notre véhicule sur terre. Nous nous devons de nous en occuper, de prendre soin de lui.

Moi qui ai nié l'existence même de mon corps, en voulant le soumettre à ma volonté, à mes idéaux ; moi qui n'ai écouté ni mes peurs, ni mes sensations, et ai bien souvent régi ma vie en intellectualisant toutes mes émotions, je découvre un nouvel univers. Comme une nouvelle ville à explorer, un pays à cartographier. Je ne sais pas vraiment comment m'y prendre, mais la curiosité et l'appel de la connaissance de soi me poussent à ouvrir un champ d'interrogation, un terrain d'expérimentation. J'encourage ma perception à s'intéresser aux sensations et aux émotions que je ressens mais, cette fois-ci, par le biais des sensations corporelles, et non de l'intellect.

C'est tout d'abord très frustrant, je sais ce que je veux, mais cela semble prendre un temps fou. Je piétine, je force, je cherche activement ces sensations oubliées. Mais point trop n'en faut, je comprends petit à petit qu'il n'y a rien à faire, à part être, s'écouter, et s'observer gentiment, en étant prêt à nous accueillir. Alors, je me laisse porter, je vis pleinement les sensations qui s'offrent à moi. Vacillante, parfois soumise à des sensations qui débarquent en moi sans prévenir, je me sens vulnérable, comme une feuille soumise aux vents. Je doute de ce grand chantier que j'ai volontairement initié en moi. Chaleur, picotements, engouement démesuré, soubresauts, boules de stress, larmes... Est-ce donc ça d'écouter son corps ? D'être en proie à la plus infime émotion et de la ressentir à travers tout son être, de manière physique, corporelle, sensorielle ? Une partie de moi lutte, se rebiffe, refuse de plier, refuse de lâcher prise.

Ce sont les mots scandés par Brené Brown dans son Ted X « Le pouvoir de la vulnérabilité » qui m'aideront à maintenir le cap.

« La vulnérabilité n'est pas la faiblesse. L'incertitude, le risque et les émotions de tous les jours ne sont pas des options. Le seul choix possible est une question d'engagement. La volonté d'assumer sa vulnérabilité et de l'embrasser détermine la profondeur du courage et la clarté du but. »

La sensation de grandeur, d'espace en moi, d'alignement, et de respect de mon être que j'ai peu à peu découverte lors de ces premières incursions en moi-même finit par prendre le dessus. J'entame aujourd'hui avec joie ce cheminement qui n'a dans le fond ni début ni fin, car il n'est qu'un processus d'amour et de compassion envers nous-mêmes.

Beauté de l'histoire, il se trouve qu'à ce moment-là le corps revêt une importance toute particulière pour Émilie car elle est enceinte. Son premier enfant. Elle a décidé de passer sa grossesse au calme, a arrêté le travail et dispose d'une plage de temps aussi précieuse que rare dans sa vie habituellement très chargée. Synchronicité parfaite, donc : sa grossesse se doublera de la grossesse du projet My Addie, nous liant l'une à l'autre de façon tout à fait exceptionnelle.

Pendant quatre-vingt-quatre jours, nous nous mettons dans une bulle dans sa maison du Midi, notre chrysalide, pour phosphorer, imaginer, échanger, revoir, affiner, construire. Il s'agit de se mettre sérieusement au travail. Très pragmatique et efficace, Émilie structure mon projet et donne du sens à mes expériences ; elle parvient à démêler ma boule d'idées, ma matière cérébrale si dense, si complexe. J'admire sa capacité à voyager dans mes longues phrases à tiroirs, à suivre mes coq-à-l'âne en plein milieu d'une explication, ma pensée en arborescence.

De cet ardent travail commun ont émergé trois grands thèmes.

D'abord celui de *l'accueil*. En effet, accueillir notre état d'être du moment, l'ici et maintenant, est une donnée primordiale. Commencer à se libérer. Accueillir sincèrement notre relation actuelle à la pulsion. Accueillir notre historique de vie, avec les choses positives et négatives qui en ont découlé. Accueillir ce que l'on souhaite vraiment, même si ça n'est pas forcément ce que nous dictent la morale ou la société, accueillir nos peurs, notre impuissance parfois, et accueillir notre envie d'y voir plus clair, sans forcément savoir comment. Cela signifie être au début de la prise de conscience, pouvoir nommer, observer ses comportements addictifs, exprimer sa souffrance. C'est vraiment un moment où l'on revisite nos dialogues intérieurs, en saisissant les comportements qui étaient les nôtres à l'époque. À ce stade, il s'agit simplement de déposer les choses, sans analyse, sans jugement, afin de libérer de l'espace en nous et de se rendre compte que la pulsion est une partie de nous. Au cours de cette première étape, on nomme, on observe, on accueille.

Dans un deuxième temps vient *l'acceptation*, car on ne peut agir sur une chose qu'on ne voit pas, pour de vrai. L'acceptation, c'est rester ici et maintenant, en conscience, en paix face à un mouvement, face à une pulsion. Comme un roseau sous le vent, qui plie mais ne rompt pas, qui oscille mais demeure. Telle la posture de l'arbre en yoga, ancré au sol par ses racines, dans la terre. Traversé par le flot de l'Énergie, connecté au ciel. On se tient là, présent. Nos pieds à la terre et la terre dans le ciel, nous avons conscience que le mouvement nous traverse, nous fait parfois courber, mais nous restons présent en accord avec nous-même. On ne change pas de direction, on ne fuit pas, on ne s'annule pas, on n'attaque pas. L'acceptation émerge au sein du contexte. J'ai une pulsion ? Je suis comme ça ? Eh bien c'est OK, ça glisse sur moi, ça ne prend pas mon émotion, je ne me noie pas dans ma culpabilité. Je ne peux pas rejeter en bloc ma pulsion et vouloir l'effacer, puisqu'elle est une part de moi. C'est OK, j'accepte ce que j'ai accueilli, et je l'accepte sans fatalisme, sans résignation, sans déception vis-à-vis de moi-même. Je l'accepte avec compassion, amour, réelle envie de trouver un terrain d'entente avec moi-même, d'arrêter la souffrance, le contrôle, la peur et l'auto-jugement. Je l'accepte avec la foi que nous sommes en vie et donc qu'il est évident qu'il existe des solutions. J'accepte que l'on ne puisse pas tout contrôler, c'est même l'idée à bannir. J'accepte le fait que l'on ait mis des années à se construire d'une certaine manière, et que l'on ait évolué dans plusieurs écosystèmes à construire qui nous sommes. L'ensemble de tout ça, c'est nous, et quel que soit le chemin, quelles que soient les raisons, c'est OK, c'est juste être nous. « C'est OK » ne veut pas dire abandonner, lâcher prise, faire ce qu'on veut. « C'est OK » signifie baisser les armes, métamorphoser le combat en transformation, et ouvrir un chemin plus pragmatique et non fantasmé, ancré dans la réalité, des choix qui s'offrent à nous. Maintenant, après avoir accueilli et accepté tout cela, je suis davantage en conscience, en compréhension de la réalité de mon écosystème intra-personnel ; je peux donc mettre en place des choses sur une base plus saine, plus lucide pour agir.

Le troisième thème majeur est : *l'action.* Accepter ne signifie pas être immobile. Au contraire, c'est en agissant et en expérimentant qu'on crée l'élan qui viendra renforcer notre mouvement. On pourrait dire qu'il s'agit d'une acceptation dynamique. On accueille, on accepte et on agit. On agit, du coup on accepte, et par conséquent on accueille. Rien n'est linéaire, tout se joue en simultanéité. Tel un morceau de musique, une harmonie majestueuse, une danse de la vie. Le processus recommence sans cesse. L'action est une expérience, une mise en œuvre de nos découvertes personnelles. C'est elle qui nous permet de cerner nos limites en relation avec les différents écosystèmes dans lesquels nous vivons au quotidien. Véritable baromètre, elle nous permet de poser des cadres en nous, de créer une loi intérieure pour jauger à chaque instant de ce qui est bon pour nous. Toutes les expériences s'enrichissent les unes des autres et se renforcent au fur et à mesure que l'on avance dans la vie. On peut alors travailler sur le curseur de la pulsion, sans pour autant chercher à l'abolir complètement.

Entre Émilie et moi, c'est plus que le début d'une grande amitié ou d'une aventure entrepreneuriale, c'est une mission de vie commune et partagée.

Chapitre 16

Les Accrodates

De ma volonté farouche de libérer la parole naît le principe des « Accrodates ». Je veux partir en croisade pour partager ma vision avec les gens : oui, l'ouverture de pensée sur le sujet des addictions peut changer bien des choses. Je décide donc de réaliser un tour de France façon micro-trottoir, afin d'interroger un échantillon de Français sur ce thème. Paris, Marseille, Le Havre, Lyon, Montpellier, Toulouse, Lille… Me voilà partie, sac sur le dos, micro à la main, à la rencontre des uns et des autres. Des moments intenses, parfois très intimes et poignants, qui marquent l'essor d'un mouvement bien plus vaste que je ne pouvais l'imaginer.

Il y a Ethan, dix-neuf ans, place de la Comédie à Montpellier. Emmitouflé dans un sweat-shirt épais, il raconte comment la consommation régulière d'alcool, chez lui, répond à une envie de décupler ses sensations, d'appartenir à un groupe, de rejoindre un idéal d'amitié et de fraternité. Il connaît les excès, la gueule de bois du lendemain, détestable, les vomissements, le ventre retourné, la tête lourde. Pour lui, cependant, les avantages d'une consommation désinhibante l'emportent sur les risques inhérents à cette même consommation. « Je me sens plus moi-même sous l'effet de la vodka que quand je suis sobre. Je me trouve plus drôle, plus charmeur, plus libre. J'aime le jeune homme que je suis quand les freins sociaux disparaissent grâce à l'alcool. » Ce qu'Ethan cherche dans le produit n'est pas le produit lui-même, mais l'accès à un autre moi, désentravé, mieux intégré.

Il y a Amalia et François, rencontrés dans une rue de Lyon. Tous deux sont adeptes du chem'sex (le « sexe chimique ») et ne parviennent plus à avoir de rapports s'ils ne sont pas sous substances, parce qu'ils sont fâchés avec leur corps : elle se trouve trop grosse et pas assez « libérée », lui doute de sa virilité, et chaque jour ils s'éloignent un peu plus l'un de l'autre, un peu plus d'eux-mêmes. En consommant, ils ont l'impression de devenir des surhommes, des surfemmes, de retrouver une vitalité qui leur échappe le reste du temps. « Non, je ne suis pas addict », déclare Amalia face caméra. Mais quand nous éteignons les micros, elle revient sur sa déclaration. « Peut-être que c'est une addiction quand même, vu que je ne peux plus m'en passer. » François hoche la tête, mais ne dit rien.

Il y a Dylan, infirmier à Lille, qui a accès 24 heures sur 24 à la cantine de l'hôpital et qui s'y réfugie dès que le stress devient trop fort. Manger finit par l'angoisser, alors il compense par du sport à outrance, dès que possible, en salle. Les machines de musculation sont devenues ses amies. Pour développer ses performances sportives, Dylan prend de la taurine et des amphétamines, et se sent, le temps d'un instant, porté par sa puissance, invincible, avant de retomber dans sa spirale alimentaire. « J'essaye de me raisonner mais c'est plus fort que moi, et je m'en veux pour ça. Parfois, je me dis que je vais devenir dingue. »

Il y a Nino, patron de restaurant à Nice, la quarantaine, bel homme, charmeur, dégageant une grande confiance en lui. Charismatique, il enchante sa clientèle par sa gouaille, ses rires, ses abords affables. Nous sommes en train de discuter tous les deux en cuisine, à la fin du service du midi, lorsqu'il m'apprend brutalement, comme pour se délester d'un secret trop lourd, qu'il nourrit une pulsion au porno démentielle. Il donne le change au travail, il roule les mécaniques, mais la vérité est que cette obsession le ronge, qu'il s'isole, qu'il passe tout son temps libre seul, chez lui, face à ces vidéos qui lui procurent de moins en moins de sensations. Comme il se sent coincé, malheureux, aspiré par un grand vide intérieur, il s'est mis à boire. Et comme l'alcool ne suffit pas non plus, il s'est lancé dans la consommation de cocaïne lors de ses séances de visionnage, pour essayer de retrouver les sensations qui l'excitaient au départ. Ce qui n'arrange rien à ses problèmes, puisqu'à la honte et à la culpabilité de sa première pulsion, se sont ajoutées de nouvelles inclinations addictives. La compensation, chez lui, ne marche pas : c'est une surenchère de souffrance et de mal-être. Qui aurait pu croire de l'extérieur que Nino vivait cela ? Rongé par le malaise, le quadragénaire a tenté des cures, une forme de désintoxication générale, d'abord pour l'alcool, puis pour le porno. Il a suivi une discipline martiale, lui interdisant tout visionnage, et toute consommation de produit. En un mot, on lui a appliqué le principe de sevrage. Un sevrage total, radical. Pendant quelques semaines, il a tenu bon. Il se sentait mieux, d'ailleurs. Puis un soir qu'il s'est retrouvé seul chez lui, fatigué par sa grosse journée de travail, il a craqué, il a allumé son ordinateur et est retourné surfer sur des sites porno, tout en se détestant de le faire. Il est resté devant son écran la nuit entière. Comme une crise d'hyperphagie, incontrôlable. Et tout a recommencé. « C'est la première fois que j'ose raconter mon histoire à quelqu'un » me confie-t-il alors que nous sortons du restaurant. « Ça fait du bien d'en parler, tu sais. »

Il y a aussi Annie, au Havre, vendeuse dans une boulangerie-snack, qui récupère tous les invendus pour en faire son régal devant la télévision le soir. Croissants, pains au chocolat, chouquettes, flans, pains variés, cookies… Sitôt l'orgie terminée, au lieu de se sentir pleine elle se sent vide, malheureuse. Adepte de la pensée « body positive » vantée par les magazines, qui prône l'amour de son corps tel qu'il est, loin des images glacées de top-models, elle est percutée par ses propres contradictions. Son corps ne lui plaît pas, elle ne se sent pas désirable, pas désirée ; elle voudrait pouvoir se détacher de cette attente mais n'y arrive pas. Elle se sent seule. Ses derniers mots avant de nous quitter me bouleversent : « Merci de vous intéresser à nous, les abîmés. »

Il y a eux, il y a moi, il y a nous tous.

Ce que ces Accrodates révèlent, c'est que l'addiction demeure un sujet tabou qui met mal à l'aise. Dès lors que les gens voient la caméra et le micro, ils ont peur. Je les sens qui se rétractent. « Moi, *addict* ? Jamais de la vie. Je ne suis pas comme ça, Dieu merci. » Le mot « addict » véhicule une menace et plus encore, une forme de stigmatisation. Ce sont toujours les autres qui sont addicts, pas nous… Et pourtant, quand je coupe la caméra, que le off reprend ses droits, j'assiste souvent à une métamorphose. Les langues se délient, les personnes osent raconter. Des pulsions ? Oui… Qui les poussent vers l'alcool, le tabac, la nourriture, le sexe, le sport, le travail… Qu'importe. La plupart admettent l'existence d'un élan intérieur, parfois impossible à réfréner, qui les fait basculer de temps à autre dans des comportements obsessionnels. Généralement, c'est la première fois qu'ils en parlent, qu'ils parviennent même, tout simplement, à mettre des mots sur cette réalité qui conserve à leurs yeux quelque chose de honteux. Pourquoi, honteux ? Sans doute parce qu'on peut avoir honte de ne pas arriver à se contrôler, d'agir en objet plutôt qu'en sujet, de se laisser dominer, bref, d'être faible, sans volonté. On peut avoir honte aussi de ne pas répondre à une norme donnée, que celle-ci ait été fixée par la société, par notre milieu professionnel, familial, ou juste par le regard de ceux qui nous entourent.

Ce que je pressentais en lançant les Accrodates, ce dont j'avais l'intuition, est bien confirmé : libérer la parole constitue la première étape dans la gestion de la pulsion pour pouvoir l'accepter et agir, c'est-à-dire mieux vivre avec. Libérer la parole avec les autres, si possible, mais déjà et avant tout avec soi-même…

Pour Émilie et moi, ce moment de verbalisation représente une avancée incroyable. Il faut en finir avec la stigmatisation et la honte : pouvoir dire qu'on est addict, ou plus exactement qu'on est traversé par des pulsions addictives, c'est l'étape première, fondamentale. Le prérequis à tout chemin vers l'apaisement. Les échanges avec les gens nous l'ont prouvé : libérer la parole allège la souffrance, cela brise le sentiment de solitude si écrasant que nous portons. À partir du moment où l'on accepte le fait d'avoir des pulsions addictives, c'est le début du chemin vers la liberté en soi. Mais il faut aussi l'admettre : oser dire qui l'on est, quelles sont nos faiblesses, quelles sont nos fragilités, est une démarche difficile, qui requiert beaucoup de courage.

Au vu des réticences pour certains à parler d'addiction, je devine qu'il y a un souci de vocabulaire dans notre société. Parce que nommer le monde c'est pouvoir le comprendre, et en le comprenant avoir prise sur lui, le premier des chantiers, me semble-t-il, concerne le lexique. Comment nomme-t-on les différents phénomènes liés à « l'addiction » ? Quelles sont les représentations et les connotations induites par la terminologie actuelle ?

Le mot « addiction » est d'étymologie latine. *Ad-dicere* signifie « dire à », dans le sens d'« ordonner ». Le terme exprimait autrefois l'appartenance d'un être à un autre dans un contexte d'esclavage. Au Moyen Âge, *être addicté* relevait du lexique judiciaire : la personne addictée avait une dette vis-à-vis d'un créancier et se trouvait dans l'obligation de le rembourser par son travail. Au fil des siècles, et notamment sous l'influence de la langue anglaise, l'« addiction » a fini par désigner la relation, contractuelle, liant un apprenti à son maître, jusqu'à prendre le sens moderne communément accepté : un ensemble de passions négatives, dangereuses, voire moralement répréhensibles.

Dans le sujet qui nous occupe, je trouve le mot « addiction » ambigu, réducteur. Je préfère parler de pulsion menant à un comportement addictif, soit de « pulsion addictive » pour insister sur le mouvement interne, autrement dit sur ce qui relève du sujet-acteur. La *pulsion*, dans la philosophie My Addie, c'est à la fois l'obsession mentale, la fixette qui envahit l'esprit, mais aussi la vague dans le corps, le mouvement intérieur, la densité ressentie.

L'anglais a un vocabulaire plus évident à mes yeux pour décrire le phénomène. *To binge.* Faire quelque chose de façon extrême et non contrôlée, de façon ponctuelle. *Binge eating, binge drinking, binge watching, binge spending*... Une pulsion qui s'applique à tous les domaines de l'existence. La nourriture, l'alcool, les séries Netflix... Pourquoi ce phénomène du *binge* est-il aussi répandu ? Ne faut-il pas y voir une réponse des individus à une société de surconsommation, qui cherche en permanence à créer du désir, de l'adrénaline, en créant une économie de l'attention ? Que l'on pense seulement aux réseaux sociaux et à la logique du *scroll* (encore de l'anglais !). Plus d'images, toujours plus d'images... Sans parler de l'addiction aux likes et à l'adrénaline générée par ce phénomène nouveau de reconnaissance sociale. Combien d'heures passées sur Facebook, Instagram ou Tik-Tok par chacun d'entre nous ? Tout est fait pour nous pousser à *binger*. La société marchande y a ses intérêts, et bien malin qui pourra lui résister frontalement. Alors, autant tout faire pour développer des manières de mieux vivre avec ce phénomène, apprendre à le gérer, puisqu'il s'est glissé jusque dans la trame de notre monde contemporain. Et quand on comprend qu'il y a différentes étapes dans la pulsion addictive, différents produits, etc., on comprend alors qu'on ne va pas travailler sur les causes mais sur le champ des possibles. Dès lors, la question est : quelles sont les solutions pour vivre avec cette pulsion qui nous entraîne vers un comportement addictif ?

Cette question est vaste. Elle intègre des gens qui sont insérés socialement, des consommateurs occasionnels ou réguliers, des profils variés dans tous les cas. La seule cible que je pourrais définir est la suivante : des gens portés par une démarche active dans le désir de se découvrir, de se comprendre, pour mieux se sublimer, et pour lesquels My Addie s'apparentera à une solution de prévention et de mode de vie.

Bien entendu, s'il existait une méthode absolue pour éradiquer les pulsions addictives, nous serions déjà tous au courant. Cette méthode n'existe pas, tout simplement parce que les pulsions sont au cœur de la vie humaine, qu'elles font partie de nous, à des degrés divers. Comment avancer malgré tout, alors ? Comment naviguer avec cela ? En s'accueillant soi-même. En pacifiant ses propres relations avec soi. La philosophie My Addie propose ainsi le chemin le plus exigeant, et sans doute le plus dur, pour tenter de s'en sortir : se fixer soi-même « le cadre en nous » qui nous convient, les limites choisies, sachant que ces dernières pourront être modifiées d'un jour sur l'autre, et ce tout au long de notre existence.

Comment entreprendre ce voyage ? Je pense souvent à cet homme addict à la cocaïne qui s'est autorisé à consommer dans des moments dédiés, ciblés, c'est-à-dire dans un espace identifié, avec des limites, dans un cadre qu'il avait lui-même posé avec l'aide de Juan. Je pense aussi à mes propres rechutes, à ces moments où je n'ai pas d'autre choix que d'accepter d'être traversée par la pulsion, en m'accompagnant moi-même avec amour. Finalement, je gère ma pulsion, j'arrive à vivre avec, je trouve la loi en moi, le cadre nécessaire pour jouer avec mes limites et me reprendre à chaque mouvement pulsionnel. Je suis consciente que ce qui est valable pour l'homme accro à la cocaïne ou pour moi ne sera peut-être pas valable pour d'autres. Chacun doit construire sa solution. Celle qui lui convient. Celle qu'il aura envie chaque jour de mettre en œuvre. L'idée n'est pas de faire une recommandation, encore moins une prescription. Tout simplement un partage d'expérience pour inviter chacun à trouver sa propre solution. Et je crois que ma volonté de *comprendre* ce phénomène de l'addiction est précisément le fil rouge qui m'emmène vers le projet My Addie. En réalisant à partir de cette idée une entreprise, Émilie et moi passons de la réflexion à l'action, de l'intangible au tangible, la concrétisation de ce que nous vivons comme notre vision, en somme, d'Ashley Taïeb au projet My Addie.

Chapitre 17

Une équipe, des outils

Pendant que je mène mon tour de France, Émilie et moi ne cessons de travailler. Tout se fait en même temps, en parallèle, les journées sont denses et c'est le bouillonnement permanent, avec sa dose de joyeux bordel. À chaque fois que je rentre des Accrodates, la maison d'Émilie se transforme en bureau de Mark Zuckerberg. On vit au milieu des paperboards, des carnets, des livres, des écrans d'ordinateur, des tablettes, des téléphones, et bien sûr avec son nouveau-né.

Notre premier travail consiste à retranscrire les apprentissages des témoignages engrangés durant ma tournée, d'identifier des lignes communes, ou au contraire des fractures, de dessiner un tableau général des liens unissant les Français et l'addiction. On est alors au mois de janvier 2022, et la diffusion de l'émission de M6 approche… Tant de choses se sont passées depuis l'enregistrement de l'émission en avril dernier, c'en est presque vertigineux. Mais plus que jamais, j'ai la foi en mon projet, en cette vague collective qui peut transformer tant de choses sur la question de la pulsion addictive.

« Et tout de suite sur M6, on retrouve l'émission "Qui veut être mon associé ?"… »

Me revoir à l'écran a quelque chose d'étrange, c'est presque irréel. Je ressens un mélange de stress et de confiance, d'attente et d'espoir. Combien de téléspectateurs regarderont l'émission ? Comment sera perçu mon discours ? Serai-je audible, acceptée, rejetée ? Mon téléphone est posé près de moi sur le canapé. Je crois qu'il est devenu aussi fou que moi après mon passage sur M6. Jamais je n'aurais imaginé un tel retour des gens. En effet, sitôt l'émission terminée, me voilà submergée par un océan de messages. Des gens de tous horizons, de tous milieux, de tous âges, qui ont perçu un écho entre mon discours et leur propre réalité. Réactions de soutien, marques d'intérêt, de questionnements, d'encouragements. À toutes les personnes qui ont pris leur téléphone ce jour-là pour partager un bout d'eux-mêmes avec moi. Merci. Merci du fond du cœur, c'est grâce à vous, grâce à cet encouragement qui a pris tant de formes, tant de teintes, que j'ai gardé mon cap, envers et contre tout. Quelquefois des messages de dénigrement aussi, mon profil atypique ne plaisant pas à tous. Très vite aussi, et c'est pour moi le plus inattendu, je reçois des messages de thérapeutes venant de disciplines extrêmement variées, qui proposent spontanément leur regard et l'apport de leur pratique au projet My Addie. Psychologues, sophrologues, art-thérapeutes, nutritionnistes, naturopathes… Je sens un élan collectif se créer, qui me met en joie. La pluridisciplinarité m'enthousiasme particulièrement : elle m'est naturelle, moi qui suis sans cesse en quête de nouvelles voies, de nouvelles pratiques, moi qui ai testé les approches de différents spécialistes et les méthodes les plus variées ; je sais qu'elle permet de proposer des pistes multiples afin que chacun, en toute souplesse, puisse créer au jour le jour sa propre solution. Cela converge totalement avec le sens de My Addie, celui d'offrir une pluridisciplinarité de solutions d'experts en différentes thérapies dans le respect des trois grands thèmes du modèle My Addie. Nous allons accompagner les gens à s'accompagner eux-mêmes et leur proposer des formes variées d'y arriver, afin que chacun puisse construire sa propre solution, celle qui lui ressemble.

Émilie et moi décidons donc de rencontrer les thérapeutes qui se sont présentés à nous. Cela prend du temps, comme toute aventure humaine.

Toutefois, de mai à juillet 2022, nous commençons à en intégrer certains dans le projet. My Addie, c'est aussi cela : un laboratoire des nouvelles pratiques, un champ d'investigation. L'équipe s'étoffe donc de praticiens venus de différentes disciplines. Psychologue clinicienne, diététicienne, thérapies comportementales et cognitives (TCC), coach sportif et préparateur mental, hypnothérapeute, art-thérapeute, naturopathe, énergéticien, sophrologue, musicothérapeute… Chacun maîtrise une spécialité qui s'inscrit dans un processus d'accompagnement du sujet. Appelée par nature à évoluer, la méthode My Addie ne vise en aucun cas à se substituer à la médecine ; il s'agit plutôt de tracer un chemin parallèle et pluridisciplinaire, initié par mon vécu, construit à l'aide d'exercices pratiques et confronté pour amélioration et enrichissement aux rencontres et retours d'expérience des usagers de l'application.

Dans le travail de défrichage intense que représente la mise sur pied du projet, les discussions avec les thérapeutes sont éclairantes. Pendant plusieurs mois, nous échangeons avec eux à Boulogne, dans les bureaux prêtés par Isabelle Weill, jurée de l'émission « Qui veut être mon associé ? ». Les thérapeutes, qui créent du contenu, ont tous croisé dans leur parcours des patients entravés par des comportements addictifs, mettant en danger leur équilibre. Tous ont constaté leur peur du jugement, leur culpabilité, ou encore leur vulnérabilité. Enfin, la plupart ont détecté que ces déséquilibres addictifs attestaient d'une vitalité latente sur laquelle il était possible de s'appuyer pour remettre le sujet au cœur de son existence.

La méthode My Addie s'affine, sans rien céder sur sa nature première : il s'agira de développer des programmes digitaux disponibles vingt-quatre heures sur vingt-quatre, avec des exercices à pratiquer chez soi, en toute autonomie, des questionnaires pour établir un état des lieux intime, des audios, des vidéos, un ensemble de pistes pour mieux se connaître et dessiner un chemin personnel, pluridisciplinaire, en phase avec ce dont on a besoin, au moment où on en a besoin. Une méthode très souple, très ouverte, qui permettra à chacun de définir son cadre et ses limites par rapport aux pulsions addictives, afin de bâtir sa propre liberté. Il ne s'agit en aucun cas de parler de « guérison » ou de « sevrage », encore moins de fixer un modèle unique, figé, mais au contraire de permettre l'élaboration d'un rapport nouveau à notre propre pulsion, afin de passer du subi au choisi – ne pas être écrasé par elle, mais plutôt naviguer avec.

Avant de démarrer à proprement parler la méthode, chacun peut faire, s'il le souhaite, l'état des lieux de sa propre situation. Où en suis-je avec la (les) pulsions(s) addictive(s) ? Puis-je repérer des moments déclencheurs de consommation ou d'activité compulsive ? Y a-t-il des personnes ou des groupes de personnes avec lesquels mes pulsions addictives vont se réveiller fortement ? Est-ce que je peux définir la nature générale de ma pulsion ? Par exemple, s'agit-il pour moi de lutter contre l'ennui par une action surdéveloppée (cas des workaholics ou des sportifs à haute dose) ? Ai-je besoin plutôt de répondre à une fonction de remplissage (manque d'amour à combler, peur de l'abandon compensée par exemple par de la nourriture) ? S'agit-il enfin d'atteindre une excitation artificielle ou au contraire d'anéantir en moi toute pensée, tout mal-être (recours à la chimie – drogues, médicaments…) ?

Tout en formulant ces interrogations, nous sommes conscientes Émilie et moi qu'il n'y a pas toujours de réponses. Cela va même plus loin. Parfois il y a des réponses, et cela ne change rien. Lorsque nous sommes submergés par nos pulsions, il est *a priori* normal, et même sain, de chercher à élucider ce grand mystère : « Pourquoi ? » Pourquoi suis-je addict, pourquoi ai-je ces pulsions que je ne peux pas maîtriser, alors que tout le reste de mon existence est paisible ? Chez certains, trouver la cause de sa pulsion permet de l'éradiquer. Parfait. Nous, chez My Addie, nous avons le parti pris d'être axé solution : on ne cherche pas la cause première, la racine de la pulsion, en revanche on permet à chacun de créer son chemin personnel pour baisser les curseurs de souffrance, plus exactement pour créer de nouveaux chemins en soi, une nouvelle loi en soi, un nouvel espace pour mieux vivre avec la pulsion. C'est donc une solution pratico-pratique, de première ligne, un programme qui vous accompagne avant, pendant et après votre pulsion. La pulsion, c'est du quotidien, c'est de la répétition, de la pensée insistante, du recommencement permanent. Face à cela, une approche extrêmement concrète et pragmatique est sans doute la manière la plus efficace de mieux vivre avec. Chez My Addie, nous proposons des rituels, des exercices, des micro-apprentissages, à accomplir dans sa vie quotidienne. Dès lors, les résultats sont évidents : nous sommes prêts.

J'aime bien prendre l'image du trampoline, (j'en fais moi-même) pour illustrer l'art de rebondir que propose la solution My Addie. D'autres préféreront la métaphore du coussin qui, tout en douceur en format cocon, viendra accueillir et amenuiser leur sensation de souffrance. Quelles qu'elles soient, les solutions créées par les utilisateurs de My Addie seront à la fois un soutien, un outil de gestion et un espace de sécurité en eux, pour gérer le moment venu. Savoir se reprendre, c'est l'objectif My Addie.

Pour avoir expérimenté moi-même des exercices (que je pouvais abandonner trois jours ou trois mois plus tard, comme je l'ai déjà évoqué), et dans le sillage de ce que préconisent les thérapeutes, j'ai cherché des gestes simples qui font du bien, faciles à faire et à refaire. Plutôt que de me lancer dans une discipline militaire impossible à tenir sur la durée, je me suis mise en quête de rituels efficaces et accessibles. Il s'agissait pour moi de trouver un juste milieu entre ne pas me trouver d'excuses pour ne pas faire ce que j'avais à faire et suivre mon intuition avec sincérité quand je sentais que quelque chose était bon, ou moins bon d'ailleurs, pour moi.

Un exemple. J'ai pris l'habitude de boire de l'eau chaude à jeun. Selon les croyances populaires chinoises, c'est là une excellente astuce pour améliorer la santé du système nerveux. Par eau chaude, on entend 37 °C, soit l'équivalent de la température corporelle. Le premier moment de la journée serait le moment idéal, car l'estomac est alors particulièrement réceptif. Cela permet aussi de fluidifier le transit, d'accélérer le métabolisme et de faciliter l'élimination des toxines. Et c'est évidemment la chose la plus simple à faire au monde ! Il suffit de se servir un verre d'eau chaude directement au robinet avant de se brosser les dents. Au fur et à mesure, je me suis rendu compte que les bienfaits venaient autant de la répétition de l'action, si simple soit-elle, que de l'eau chaude elle-même.

Je crois davantage aux exercices courts que l'on installe dans la durée plutôt qu'aux sessions longues mais ponctuelles. Lorsque j'avais une vingtaine d'années, j'étais fan de Yoga Bikram, une pratique de yoga qui se pratique dans un studio chauffé à 60 °C avec 90 % d'humidité, autrement dit : un sauna ! J'étais complètement obsédée par cette pratique, au point d'en faire quatre heures par jour. J'ai même failli poursuivre un cursus pour devenir professeure… Lors de cette phase, j'étais évidemment en très bonne forme physique, même si c'était dû à un contrôle très violent de mon alimentation et à une hygiène de vie très stricte. J'avais beau être en pleine forme, j'étais en réalité malheureuse comme les pierres, car je ne voyais plus mes amis, je ne m'autorisais aucun excès, aucune grasse matinée. Alors, de manière abrupte, ma phase d'apprentie yogi a pris fin. Des années plus tard, je me suis aperçue que cette partie de moi-même était finalement encore vivace. J'aime le yoga, et l'idée de le réinjecter dans ma vie de manière plus saine et plus juste m'a paru intéressante. J'ai donc réintégré une pratique de yoga dans mon quotidien, et quel bonheur, une dizaine de minutes tous les matins ont suffi pour me reconnecter avec toute une partie de moi que j'avais écartée injustement, le côté obsessionnel en moins. Parce qu'il vaut mieux faire dix minutes de yoga tous les jours que quatre heures d'affilée tous les huit ans… Et vous ? Quelle facette de vous-même pourriez-vous aller réveiller ?

Enfin, il arrive parfois, après s'être aventuré sur de nombreuses pistes, ou après avoir eu le sentiment de tourner en rond ou tout bonnement de se lasser, que la solution réside simplement dans notre rapport aux autres. N'oublions jamais que nous sommes des créatures sociales, que le partage et la connexion à autrui sont vitaux. En nous décentrant, en regardant ce qui se passe autour de nous, en tendant la main aux autres aussi, nous pouvons améliorer notre propre existence. Cette ressource-là est puissante et elle se trouve en chacun de nous.

La méthode My Addie en elle-même, c'est donc une solution quotidienne d'exercices pratiques, constituant un micro-apprentissage permettant de construire sa propre solution.

L'utilisateur est invité à faire et répéter des exercices sous format vidéo, audio, ou autres... Des conseils de réalisation et de pratique lui permettront de les implémenter dans son quotidien, à sa convenance, à son rythme.

My Addie offre une pluridisciplinarité d'exercices grâce à la pluridisciplinarité des approches thérapeutiques.

Le but est que l'utilisateur trouve son bonheur à travers tous ces possibles qui s'offrent à lui, en toute autonomie et en toute discrétion.

Ainsi, My Addie vous aidera davantage à vous interroger qu'à trouver un mode d'emploi écrit noir sur blanc pour vous dire ce qu'il faut faire ! Bien sûr, si un soir ou un matin, vous trouvez vous-même une réponse à votre pourquoi, et que cette réponse change votre quotidien, tant mieux ! Mais si cela n'arrive pas, au moins aurez-vous entrepris un cheminement qui ne pourra que vous rendre plus autonome dans la gestion de votre pulsion. L'essentiel, c'est le chemin, pas l'arrivée. Vous ne serez donc pas abattus et découragés si votre quête première, quelle qu'elle soit, n'aboutit pas. Vivre l'ici et maintenant pleinement est un but qu'on peut se fixer et atteindre chaque jour.

Chez My Addie, nous sommes des jardiniers : nous défrichons le terrain, nous bêchons la terre et semons des graines, nous arrosons le sol en jetant de temps à autre un coup d'œil au ciel, nous laissons le temps faire son travail, nous acceptons que certaines boutures ne prennent pas, que des tempêtes déracinent quelques arbres, nous admirons les fleurs qui sortent de terre, et nous en prenons soin.

Avant de continuer mon récit, j'aimerais clarifier certains points : je suis consciente de la vive curiosité qui entoure mon projet, ma croisade, ma trajectoire personnelle. Je suis consciente que la méthode My Addie, liée à ma propre histoire et à ma résilience, offre un espoir plein d'optimisme. Et c'est une belle chose ! J'en suis profondément émue et honorée. De vous à moi… telle a toujours été mon intention : partager le champ des possibles et montrer qu'une autre voie existe, une voie lumineuse.

J'ai été assaillie de questions : Comment as-tu fait ? Peux-tu me donner trois conseils ? Comment arrêter d'être addict ? Combien de temps ça dure ? Est-ce que je suis ceci, est-ce que je suis cela ?

Je comprends l'objet de ces questions, cette envie de décortiquer, de comprendre, de rationaliser le processus qui a été le mien, dans l'espoir qu'il existe un chemin reproductible et duplicable pour tout le monde.

Or je suis obligée de vous dire que cela ne sera jamais possible, et que là n'est pas la méthode My Addie. Ma conviction est qu'il n'y a pas de solution absolue et immuable.

Je crois profondément que le cadre qui vous permettra un jour de gérer votre pulsion addictive ne ressemblera jamais, en tous points, à celui de quelqu'un d'autre. Il sera forcément à l'image de vos croyances les plus profondes, à l'image des rouages d'une infinie complexité qui composent votre être, à l'image des souvenirs et des expériences qui constituent votre existence, à l'image de l'environnement dans lequel vous évoluez au quotidien. Tout simplement, à l'image de votre personnalité.

À défaut de vous donner une méthodologie miraculeuse, voici l'un des fondements de ma démarche : nous sommes tous si complexes, si uniques ! Qui mieux que nous-mêmes peut savoir ce qui est bon pour nous, et dans quelle dynamique ? Avec qui ? Quand ? Comment ? Dans quel écosystème ?

Telle est la première invitation de la méthode My Addie : recentrons-nous sur cette manne de connaissances, de signaux, et de possibilités que nous avons en nous-mêmes.

En cela par exemple, My Addie est iconoclaste, car elle rompt avec la majorité des cadres qui régissent à ce jour l'approche de la pulsion addictive.

Elle rompt avec la notion de ce qui est bien ou mal, et la remplace par ce qui est.

Elle rompt avec la notion de ce que les autres peuvent faire pour nous *sauver* et la remplace par ce que nous, nous *savons* faire, pour nous aider nous-mêmes.

Elle rompt avec la notion que la seule manière de mettre fin à un comportement addictif est de l'annihiler, et réinvite le mouvement, l'expérimentation, au cœur d'un processus qui de toute évidence ne sera jamais statique.

Elle rompt avec la conviction qu'il existerait une méthode universelle, et la remplace par la mise en place de ce qui est bon pour nous.

Elle rompt avec l'idée de la séparation. Vos pulsions, vos comportements, vos consommations ne sont pas extérieurs à vous. Vos pulsions sont un mouvement qui émane de vous, et vos comportements et consommations en sont la résultante tangible. Et c'est OK.

Tout ceci est un seul mouvement, un liant complexe. Et c'est en cela qu'il faut du courage, car démêler cette pelote de laine demande patience et persévérance.

La méthode My Addie est même iconoclaste dans sa manière d'être iconoclaste !

Avant tout, elle est en lien avec le sacré. En revanche, elle rompt avec l'ordre établi, avec les idées reçues et la pensée dominante.

Elle rompt avec la quête du bonheur en trois clics, une masterclass, un livre, un podcast…

Elle invite avec douceur, confiance et patience, à suivre un chemin nouveau.

Car ce que je peux vous affirmer sans l'ombre d'un doute, c'est que My Addie est une méthode, un concept, une approche basée sur l'amour. L'amour de soi, l'amour de la vie, l'amour du changement. Et c'est en cela qu'elle est unique.

Doit-on forcément traiter ce sujet par le biais de la pénitence, du regret, de la honte, et de l'auto-accablement ? L'enjeu est déjà assez dur, alors autant l'aborder de manière douce et agréable, qui soit une véritable source d'envie et porteuse d'espoir de changement.

Les sujets tabous n'ont pas vocation à le rester pour toujours. À l'ère de l'hypercommunication, de l'essor d'un échange ouvert sur des thématiques aussi vastes que la santé, la sexualité, le genre, pourquoi la pulsion addictive devrait-elle rester dans l'ombre ?

Le chantier est complexe, je vous l'accorde, mais toute construction a bien commencé par quelques pelletées de terre. Voici les miennes. Les nôtres, avec mon équipe, avec les gens qui me suivent, qui me soutiennent depuis mes débuts.

Cela étant dit, vous comprendrez aisément, je l'espère, que si votre souhait est de trouver dans les pages qui suivent une méthode en dix points, une opinion autoritaire et radicale, un positionnement unilatéral qui se veut supérieur aux autres, ou encore des conseils révolutionnaires qui, à leur seule lecture, transformeront votre champ de ronces en verger florissant… je vous présente d'ores et déjà mes excuses, car là n'est pas, ni la forme, ni le fond, de ce que je m'apprête à partager avec vous.

En revanche, je vais partager une méthode dynamique, plurielle et adaptative, pour apprendre à gérer ce mouvement qui vous emmène là où vous ne souhaitez plus aller.

Aujourd'hui, là, ici, maintenant, que peut-on faire ?

Telle est mon invitation, ma proposition. Si celle-ci éveille votre intérêt, je souhaite de tout cœur que vous trouverez dans ces pages une boussole simple et pratique qui vous mènera vers un horizon doux et lumineux.

Chapitre 18

De « l'Élysée » à la Maison Blanche

J'ai toujours gardé un lien très fort avec les Déterminés. Ce sont eux qui m'ont mis le pied à l'étrier et je leur dois le début de ma grande aventure entrepreneuriale. Au dernier semestre 2022, toujours grâce à eux, j'ai appris que s'ouvraient des candidatures à un concours pour aller à New York et Washington présenter nos projets devant des investisseurs américains. Mon cœur n'a fait qu'un bond. J'ai constitué un dossier et l'ai envoyé. J'ai attendu. Quelle n'a pas été ma fierté en apprenant que j'étais sélectionnée, et que la remise officielle des prix aux lauréats serait faite par un membre du gouvernement.

À l'automne, je suis reçue par Mme Marlène Schiappa, secrétaire d'État chargée de l'Économie sociale et solidaire et de la Vie associative. Elle trouve le projet My Addie très intéressant et surtout nécessaire. Elle me félicite de me positionner sur un sujet délicat et pourtant sociétal d'une telle importance, qu'on ne peut plus nier ni minimiser. Elle m'encourage vivement à le poursuivre. C'est un moment d'échange que je reçois avec beaucoup d'humilité et de gratitude, car l'aventure entrepreneuriale n'est pas de tout repos. L'aspect financier, organisationnel, logistique, technique me paraît parfois insurmontable, surtout pour moi qui aime la création et les idées, et beaucoup moins leur mise en œuvre précise, structurée. Je connais des moments de découragement, de frustration, de colère, de tristesse, de surmenage, de déception, je l'avoue. Dans ces jours gris, j'ai la chance de pouvoir compter sur Émilie, qui garde le cap quand je vacille.

Un superbe regain d'énergie m'envahit donc quand on m'annonce que j'ai été choisie avec cinq autres entrepreneurs pour aller présenter My Addie aux Américains, lors de la semaine de la Tech à New York, en octobre 2022. Le projet My Addie a suffisamment convaincu pour que, des 300 candidatures de départ, en passant par les quinze finalistes, je fasse partie des derniers candidats retenus. Je n'en reviens toujours pas : je vais présenter à des investisseurs américains la méthode My Addie. Les jours qui précèdent mon envol sont chargés. Émilie et moi affinons ensemble tous les détails, nous préparons mon intervention au mieux. J'aimerais être aussi précise que spontanée – bel exercice de funambule. Puis vient le vol, suffisamment long pour que je me repose enfin un peu.

Arrivée à New York. La claque. *The City that never sleeps*… Mon rêve prend forme. Les buildings infinis, la foule active et incroyablement diversifiée, le bruit permanent, les vendeurs de hot-dogs, les taxis jaunes… Puis la statue de la Liberté surgit devant mes yeux, elle que j'imaginais géante et que je trouve finalement assez petite, comme dans un autre genre l'Opéra de Sydney. Me revient en mémoire ce très beau passage du roman de Paul Auster *Léviathan* : « [La statue de la Liberté] exprime l'espoir plus que la réalité, la foi plus que les faits, et on serait bien en peine de découvrir une seule personne qui veuille dénoncer les valeurs qu'elle représente : démocratie, liberté, égalité devant la loi. C'est là ce que l'Amérique a de meilleur à offrir au monde, et si peiné soit-on de l'échec de l'Amérique à se montrer digne de ses idéaux, les idéaux eux-mêmes ne sont pas en question. » Je me souviens d'avoir souligné ce paragraphe la première fois que je l'ai lu ; cette Liberté si chère à mon cœur me soufflait quelque chose de puissant car j'ai toujours fonctionné ainsi, portée par une liberté, un idéal de valeurs, presque une utopie. Moi non plus, je n'ai pas toujours été digne de mes idéaux, mais cela ne signifie pas qu'il faille les remettre en question. Dans le fond, le fait de rester accrochée à mes valeurs a été aussi salvateur que destructeur, selon les moments. Qu'importe. La réalité ne mérite pas qu'on lui sacrifie ce qu'on a de plus noble au fond de nous…

New York, cette ville fantasmée, rêvée, adorée, m'a vraiment redonné de l'élan. Une énergie folle, décuplée.

Le premier soir, rendez-vous à la soirée spéciale French Tech organisée par Business France. Tout le gratin entrepreneurial et financier est là. Les gens sont ouverts, directs, précis. Je suis impressionnée par le niveau général : ici, l'investissement est une affaire sérieuse, concrète et passionnante. Je rencontre des startuppers en tout genre, des investisseurs VC (Venture Capital), des spécialistes de la Deep Tech, Fin Tech et Assur Tech, je me régale à les écouter, j'apprends. Je présente My Addie, je défends mes valeurs. On m'écoute avec intérêt, on me challenge, on me pousse à aller plus loin.

Quelques jours plus tard, nous gagnons Washington pour une session extraordinaire… à la Maison Blanche ! Grand bleu sur la ville. Je me suis levée assez tôt le matin, pour respirer et prendre mon temps, siroter ma grande tasse d'eau chaude, suivie d'un bon café, puis j'ai pris une douche fraîche, fait un shampoing, j'ai mis mon beau veston beige et tracé un trait de liner sur mes paupières. Je suis prête. En arrivant à la Maison Blanche, je suis très excitée. Tout mon imaginaire cinématographique et romanesque est activé. Pourtant, la Maison Blanche est beaucoup plus petite que ce que j'imaginais, elle aussi… Ici, à Washington, nous rencontrons des membres de la campagne de Barack Obama, qui travaillent actuellement au cabinet de Joe Biden, et s'occupent de domaines tels que l'égalité homme-femme, l'entrepreneuriat, le développement durable et l'innovation.

J'ai l'avantage de parler anglais depuis l'enfance, ma mère ne s'est jamais adressée à moi dans une autre langue : un problème de moins par rapport aux autres candidats, et en mon for intérieur je la remercie vivement. Avant mon pitch, j'écoute de la musique, je me mets dans ma bulle, j'arrête de penser à ma présentation, je me concentre juste sur ce que je souhaite partager en m'imprégnant de l'émotion que cela me procure plutôt que de réviser des détails au dernier moment. Lorsque mon tour arrive, je suis très concentrée, heureuse de faire mon topo en anglais. Le but est d'abord de tester le projet My Addie devant nos interlocuteurs, de vérifier sa viabilité et son intérêt sur le territoire américain, ensuite, éventuellement, de lever des fonds. L'anglais me permet d'être fluide. Je m'entends dire et répéter « *binge eating* », « *binge watching* » ou « *binge drinking* » avec un petit sourire intérieur.

Fin de ma présentation.

Verdict : les gens me remercient, me posent tour à tour des questions, avant de me féliciter pour le travail accompli et pour ma démarche. C'est un sujet épineux, ils le disent eux aussi, qui mérite pourtant qu'on s'y attelle vraiment. Mon sentiment de fierté, doublé d'une énergie nouvelle, est immense, et j'appelle Émilie pour partager avec elle cet élan. Je lui raconte aussi une anecdote significative. La veille de ma présentation, nous avons, nous les différents entrepreneurs, été reçus par un cabinet de consulting qui nous a recommandé de reprendre une partie de notre présentation pour coller au modèle américain et non français. Nous avons tous passé une nuit blanche à travailler. Après des heures et des heures, donc, j'ai fini par sortir de mon hôtel pour m'acheter un café dans un Deli ouvert 24 h/24. Là, j'ai rencontré un homme qui m'a raconté qu'il consommait de la cocaïne depuis vingt ans, tout en étant chef cuisinier dans un restaurant de Wall Street… L'écho était tel que ma motivation s'en est trouvée décuplée. Surtout, j'ai ressenti un grand apaisement avant ma présentation du lendemain, car j'avais encore une fois la confirmation que le sujet résonnait partout. Oui, les souffrances liées aux pulsions addictives sont de même nature où que l'on vive sur le globe. Il y a une voie à dessiner pour aider les addicts ; un espace neuf à proposer, fait de liberté et d'autonomie. À New York comme à Paris, la pulsion ramène chacun au noyau irréductible du fonctionnement humain. En travaillant sur le champ des possibles plutôt que sur les peurs, il est possible d'avancer ensemble.

Au terme du voyage, j'apprends que cette fois-là, je ne lèverai pas de fonds. La vie d'une entreprise est semée d'embûches… Et c'était à prévoir : se développer sur le marché américain est quelque chose de tentaculaire, qui demande beaucoup de temps et d'argent. Sans une base ultra solide en France, impossible de recevoir des financements… Logique ! Mais j'ai gagné encore en confiance et en volonté, et je repars avec des contacts sérieux. Par ailleurs j'ai la conviction, si tel est le destin de My Addie, que je reviendrai un jour à New York pour retenter ma chance. En attendant, à nous de déployer la méthode pour la rendre disponible au plus grand nombre. C'est avec les utilisateurs de l'appli eux-mêmes que nous parviendrons à affiner le programme afin qu'il soit le plus juste, donc le plus efficace possible. Ce sera le début d'une autre phase de développement de notre approche, qui ne pourra que nous enrichir.

En quittant la Maison Blanche, alors que nous nous dirigions vers la sortie principale, nous avons croisé par hasard la voiture de Joe Biden, escorté par une dizaine de gardes. Il nous a souri et a disparu aussitôt. *This is America*…

Peu après, j'ai repris l'avion pleine d'énergie, avec la certitude que la question des pulsions addictives, qu'il s'agisse des États-Unis, de la France, ou de tout autre pays, est un sujet gigantesque qui nous concerne tous.

Chapitre 19

Le pari de l'Amour

« Examinons donc ce point et disons : "Dieu est, ou il n'est pas." Mais de quel côté pencherons-nous ? [...] Il faut parier ; cela n'est pas volontaire, vous êtes embarqué. Lequel [des deux choix] prendrez-vous donc ? Voyons. [...] Pesons le gain et la perte, en prenant croix que Dieu est. Estimons ces deux cas : si vous gagnez, vous gagnez tout ; si vous perdez, vous ne perdez rien. Gagez donc qu'il est, sans hésiter. »

Régulièrement, je lis ou relis des classiques. Le philosophe Blaise Pascal compte parmi ceux-là. Sans doute ne m'attend-on pas là, moi Ashley, ancienne addict au crack, qui a connu la rue et la violence. Pourtant. De Pascal je relis souvent les *Pensées*, et particulièrement le fragment 397 entré dans l'histoire sous le nom de « pari pascalien ». J'ai l'impression que ma vie aussi a reposé, et repose, sur un pari existentiel. Le mien ne convoque pas un Dieu transcendant mais immanent. Une forme d'infini présent en chaque être humain. C'est en tout cas mon postulat : chacun dispose en lui d'une ressource profonde, très puissante et accessible. Peu importe qu'on l'appelle l'Amour, le Désir ou la Spiritualité, *elle est*. Je n'ai rien à perdre en faisant ce pari-là, mais tout à y gagner.

Alors oui, je fais ce pari pascalien, qui fera toujours de moi une gagnante : il y a en moi quelque chose de plus grand, de plus vaste que ma simple personne. L'Amour, le Beau, l'Indicible, j'ignore comment nommer cela, mais il existe un « dieu intérieur » auquel je peux me raccrocher. Et n'étant pas divine moi-même, j'accepte mes failles. Un jour je serai dans l'excès et le lendemain non, parce que l'existence est ainsi faite, avec ses hauts et ses bas, ses moments de calme et de crise.

Un représentant du corps médical que j'apprécie et connais bien aime à citer la formule suivante : « Une addiction, c'est toujours une manière de pallier un manque d'affection. » Je ne sais pas s'il s'agit « toujours » d'un manque. Peut-être est-ce juste un élan naturel vers quelque chose qui permet de créer un état tellement vital aux humains que nous sommes. Nous pouvons évidemment nous questionner. Dans quelle mesure le manque d'amour dans l'enfance, les blessures d'abandon ou de désintérêt des parents impactent-ils les comportements addictifs à l'âge adulte ? Est-ce néanmoins la seule source, la seule raison ? Les fumeurs de cigarettes sont-ils « toujours » en manque d'affection ? Les addicts au travail sont-ils « toujours » en manque d'affection ? Peut-être ne faut-il pas tout penser en négatif, peut-être peut-on interroger aussi le positif. Celui qui fume cherche un plaisir immédiat lié au goût du tabac, le workaholic la satisfaction d'une vie remplie, et trépidante. Il me semble que l'objet visé par ces deux exemples se pense en positif plutôt qu'en négatif, en plein plutôt qu'en vide. Dans les deux cas il s'agit de jouissance, d'euphorie, pourquoi pas de délectation. Pour moi, par exemple, une vie sans plaisir n'est pas une vie. C'est de mon point de vue la raison pour laquelle la pulsion addictive est ancrée en nous : elle contribue souvent à notre satisfaction, à notre contentement. Alors comment juger de ce qui doit, ou ne doit pas, satisfaire autrui ? Il me semble qu'à partir du moment où l'addict ne fait pas de tort à son entourage, sa famille, son compagnon ou sa compagne, ses enfants, etc., il n'y a rien à dire ou reprocher. Il est le seul maître de sa propre vie. Qui sommes-nous, dans la société, pour dicter à autrui sa conduite ? Chez My Addie, ce respect du sujet est un leitmotiv. L'individu est le seul à même de poser ses propres limites, son propre cadre, afin de gérer sa pulsion addictive selon son écosystème de vie et son entourage.

Au cœur de cette approche nouvelle de l'addiction, peut-être inattendue, se trouve donc la dynamique d'amour pour soi – et de fait, d'amour pour les autres. En se respectant soi, et en respectant autrui, toujours.

Dans la pulsion addictive, il y a une relation amoureuse à l'objet, quel qu'il soit. Comme dans un couple, c'est lorsque le déséquilibre devient fort qu'il faut s'inquiéter et prendre une décision. Le reste du temps, le mouvement de balancier qui oscille entre les partenaires, tantôt tendre, tantôt fougueux, tantôt paisible, tantôt houleux, est naturel. On compose avec. Dans ma conception de l'amour, nul ne rêve d'une existence fade et plate. Accepter les remous, accueillir l'autre et ses actions, être attentif à l'autre font donc partie du jeu.

Dans toutes choses, le plus important, me semble-t-il, est de parvenir à conserver de l'agilité, de la souplesse. Par moments, il est vital de prendre de la hauteur. « Changer d'altitude », suggère Bertrand Piccard, médecin psychiatre, spécialisé en hypnose, et par ailleurs explorateur, dans un ouvrage qui porte ce titre. Avoir confiance en l'inconnu, être capable de modifier son point de vue, de le faire évoluer pour l'adapter à de nouvelles situations, est une manière de ne pas rester prisonnier des schémas. Bertrand Piccard tisse un parallèle entre les moments qu'il a vécus et les leçons tirées de ses voyages en montgolfière. Être à la merci des vents, traverser les trous d'air, épouser la vitesse, diriger ou ne pas diriger, trouver le juste milieu entre le fait de lâcher du lest (lâcher prise) et d'être présent à soi et aux autres, notamment avec son coéquipier. Ces leçons-là sont transposables à la vie en général et peuvent apporter des bénéfices au quotidien, en nous invitant à nous connecter pleinement à l'instant présent. Sans parler du fait de s'élever, au sens littéral comme au sens figuré : prendre de la hauteur, c'est regarder ce que l'on vit d'en haut pour remettre chaque chose à sa place, sans minimiser, sans dramatiser ni exagérer non plus. Encore une fois, en trouvant l'équilibre et la voie juste, sans jamais oublier que tout évolue à chaque seconde.

Pour prendre de la hauteur et diminuer le stress qui m'envahit quelquefois, je n'essaie pas de trouver coûte que coûte une solution à mon problème, je cherche plutôt en moi des sources de bonheur, de sérénité et de réconfort. Ce qui marche pour moi lorsque je suis happée par un enchaînement de pensées, c'est de me poser une série de questions qui me réorientent vers une dynamique positive et profonde. À voir bien sûr si cela fonctionne pour vous aussi ou non…

Quand ai-je ri pour la dernière fois aux éclats ?

Quand me suis-je dit pour la dernière fois que mon apparence physique était le cadet de mes soucis, tout en ayant, paradoxalement, le sentiment d'être ce jour-là magnifique ?

Quand ai-je suivi pour la dernière fois l'élan de mon cœur, avec un geste, un mot, un compliment, un câlin, un aveu, une prise de risque ?

Quand ai-je eu pour la dernière fois assez de temps libre pour créer, écrire, dessiner, chanter, jouer de la musique, prendre un bain délicieux ?

Quand ai-je joué pour la dernière fois à un jeu, en me laissant gagner par l'esprit de compétition ?

Quand ai-je répondu « Oui ! » pour la dernière fois à une proposition folle, une aventure, un délire ?

Quand ai-je regardé pour la dernière fois quelqu'un dans les yeux et ressenti un frisson ? Un frisson d'amour, de fraternité, de loyauté, ou de gratitude ?

Ces questions me permettent de savoir, sans entrer dans le détail du quotidien, si je suis globalement ou non sur la bonne voie. Si des moments récents dans ma vie répondent à ces différentes situations, alors j'estime que la seule résolution qu'il me faut prendre est de continuer mon chemin, dans la justesse, avec un doux mélange de discipline et de lâcher-prise. Si je constate en revanche des manques, des vides, des blancs qui me font mal, alors je chercherai à réorienter ma route en fonction. Faire tous les jours quelque chose qui nous procure une satisfaction profonde, un véritable apaisement, sans qu'il y ait forcément d'objectif de réussite à la fin, me paraît applicable par tous. En tout cas, en ce qui me concerne, cela fonctionne vraiment et cela m'apaise.

L'amour, donc. Pour moi, ça a été cette notion très vaste d'amour universel, véritable fil conducteur de ma vie. Pour d'autres, ce sera une histoire d'amitié forte, un amoureux ou une amoureuse, un enfant, un certain rapport à la création, à la nature, à l'art, à la spiritualité, peu importe.

Mais tous, en nous, nous disposons de cela : une réserve infinie d'amour. C'est dans cette réserve que nous pouvons puiser lorsque les épreuves nous accablent. Je le dis sans mièvrerie, sans idéalisation, sans aveuglement. Ne cherchez pas l'amour des autres à votre égard, cherchez l'amour dont vous disposez vous-même et auquel vous pouvez accéder à n'importe quelle heure du jour ou de la nuit, dans n'importe quelle phase de votre existence. Cet amour est vôtre, il est vous. C'est finalement mieux qu'un pari : une mise, que vous pouvez faire sans risques car vous avez tout à y gagner.

Chapitre 20

La partie d'échecs

Gérer sa pulsion addictive, c'est comme jouer plusieurs parties d'échecs. Pas une seule partie, non, plusieurs. Parce que plus on joue, plus on est à même d'élaborer des stratégies, attaque, point neutre, défense, jusqu'à la victoire finale. Seule l'expérimentation permet d'apprendre à gagner. Seule la pratique permet de renforcer son jeu. La somme des stratégies éprouvées définit en bout de ligne un équilibre, celui du joueur d'échecs, qui maîtrise sa partie, et qui, précisément pour maîtriser sa partie, est prêt à perdre un ou deux pions dans la bataille.

Je ne connais pas de meilleure métaphore pour décrire le rapport de l'être humain à ses pulsions addictives.

Là encore, à chacun de tester des pistes, d'élaborer sa propre tactique, en voguant d'une discipline à l'autre, d'une proposition thérapeutique à un exercice de bien-être, en toute liberté. Les questions seront nombreuses, les réponses… évidentes ou pas.

Prenons un exemple. Le cas du tabac, disons, pour moi qui fume toujours. Je peux multiplier les questions à ce sujet. À quelles failles, et à quelle version positive de moi-même, je me raccorde lorsque je fume une cigarette ? À qui ai-je alors l'impression, ou l'envie, de ressembler ? Suis-je mieux intégrée socialement lorsque je fume ? Pourquoi ? Est-ce une réalité ou bien une illusion que j'ai fabriquée moi-même ? À quel moment de la journée, ou dans quels contextes précis, l'envie de fumer devient-elle impérieuse ? Quelle est « la meilleure clope » de la journée, celle que j'apprécie vraiment, celle que je déguste ? Quelles sont celles dont j'aurais pu me dispenser ? Y en a-t-il qui m'ont dégoûtée ? Comment se manifeste le point de rupture chez moi, par quels signes avant-coureurs ?

Lorsque cet état des lieux est fait, je peux passer à l'étape suivante. Si je veux ne pas fumer la cigarette qui se présente à moi, là, maintenant, je peux établir un rituel de soutien, comme une boucle de micro-exercices, à répéter chaque fois que je suis tentée, sans vouloir y céder. Boire un grand verre d'eau, lentement. Ou bien me proposer à moi-même de faire quelque chose d'autre pendant cinq minutes, pour voir si mon attention parvient ou non à être détournée de la cigarette. Lire un poème, un texte, un article de journal, par exemple. Envoyer un texto à quelqu'un que j'aime. Regarder mon album de photos favorites sur mon portable. Attendre, observer avec amusement parfois, compassion souvent, les phénomènes qui prennent place, et découvrir que, peut-être, la sensation impérieuse a cédé la place à quelque chose de plus neutre. L'urgence a disparu, je l'ai laissée me traverser, puis s'éloigner. Chacun trouvera les rituels qui lui correspondent, qui seront efficaces pour lui. Ce qui compte, c'est la boucle positive que leur répétition entraînera. Comme une vague qu'il faut prendre, sur laquelle on surfe, sans être englouti par elle. Mais si finalement je craque, parce qu'à ce moment-là c'est trop dur, ou parce que mon désir de fumer est le plus fort, c'est comme ça, « c'est OK ». Cette phrase si simple en apparence constitue vraiment un extraordinaire levier. Elle invite à la souplesse. Oui, il y aura d'autres moments où la pulsion addictive ne s'imposera pas de façon irrépressible à moi et où je pourrai mieux la contrôler.

Quoi qu'il en soit, se faire violence, au sens strict, n'est jamais la solution. Cela ne signifie pas qu'il n'y a pas de place pour la volonté dans l'approche My Addie ; au contraire, la volonté est centrale. Mais c'est une volonté qui épouse la bienveillance vis-à-vis de soi, car la douceur est le plus puissant des moteurs.

Dans le fond, on a toujours intérêt à composer avec la réalité qui est la nôtre, à reconnaître qui on est, d'où on vient, plutôt que de tendre vers un idéal inaccessible qui nous exposera, de façon certaine, à l'échec. La compassion proactive est le nom que je donne à ce désir de connaissance de soi, qui n'est ni l'autocomplaisance, ni la démission face aux épreuves, non, juste la possibilité d'accepter les mouvements – un moyen de mettre en œuvre sa propre liberté.

Chapitre 21

Le travail du temps

Il existe de nombreux programmes qui vous donneraient ici une ligne de conduite précise, un agenda à suivre, avec des résultats aussi fabuleux que mesurables dans une chronologie réduite à sa plus simple expression, à l'image de ces crèmes miracles qui font disparaître « en dix jours seulement » vos rides et pattes d'oie… Je ne peux pas vous vendre cette promesse-là : en dix jours seulement, débarrassez-vous de vos addictions ! Ce serait mentir. Comme dans toute élaboration vitale, il est un facteur premier, incompressible et salutaire : le temps.

Oui, pour apprendre à vivre avec nos pulsions, il faut du temps. Le micro-apprentissage, par la répétition de micro-exercices, peut diminuer l'intensité d'une pulsion, ou plus exactement l'impact qu'elle a sur nous et sur la manière dont on la ressent, elle qui est à la fois une obsession mentale et une vague puissante parcourant le corps, mais ce n'est pas une méthode infaillible. Parce que l'humain est ainsi constitué, parce que la sédimentation requiert un temps physiologique, acceptons que tout ne se règle pas en un claquement de doigts. La patience et l'humilité sont des valeurs cardinales du chemin de libération auquel j'aimerais vous inviter. Il y aura des rechutes, c'est inévitable. Ce n'est pas grave, car ces rechutes-là vous apprendront à mieux vous connaître et vous aideront dans l'avenir à aller plus loin. Lorsque vous avez le sentiment d'être en échec, ne vous auto-flagellez pas. Tout le monde passe par là. C'est une étape essentielle du processus. Accueillez la sensation qui se déclenche alors, quelle qu'elle soit. C'est OK. Faites-vous confiance, faites confiance au temps. Aujourd'hui, vous n'avez pas pu accueillir la pulsion. Peut-être en aviez-vous besoin, parce que vous traversez une situation particulièrement complexe. Quand le phénomène se représentera, essayez d'identifier plus précisément le moment et le désir (ou l'angoisse) sous-jacent. Nommez-le. Puis expérimentez. En faisant un travail sur vous-même, en voulant rencontrer la nature de votre pulsion, vous l'accepterez. Et si quelque chose résiste en vous encore et encore, ne luttez pas en vain, laissez la pulsion vous traverser, retentez l'expérience un autre jour, différemment, un autre exercice, une autre pensée, testez, essayez. Car quoi qu'on vous dise, personne ne pourra jamais vous reprocher ni vous empêcher de ressentir ce que vous ressentez. Cette approche, derrière sa simplicité apparente, est d'une exigence extrême. En effet, nous n'avons pas été habitués à accepter nos limites, que nous appelons communément nos faiblesses. Nous nous croyons forts, dans le contrôle et la toute-puissance. Ce n'est pas la réalité. Plus qu'une méthode anti-addiction, My Addie est finalement une philosophie et un projet sociétal, qui vise d'abord et avant tout à faire avancer les mentalités sur le sujet.

Le vocabulaire, encore une fois, a ici son importance. Les « addicts » sont souvent associés dans l'imaginaire collectif aux drogués, aux « camés ». Je crois que ce livre aura permis de lever le voile sur une réalité beaucoup plus vaste, aux contours très poreux. Rares sont les individus à ne présenter aucune pulsion addictive. Personnellement je n'en connais pas.

Nous avons tous des espaces (vie professionnelle, vie amoureuse, vie nocturne…) au sein desquels nous développons des habitudes et des comportements qui peuvent nous emmener vers l'addiction. Or, il existe un spectre infiniment vaste de la forme que peuvent prendre ces comportements et ces habitudes. La pulsion a ceci de fascinant qu'elle est inconstante et plurielle. Elle peut prendre différents visages et varier en intensité. Qu'importe l'émotion de base qui la fait émerger, qu'importe la forme que sa réalisation prend, qu'importe l'espace où elle aime à se déployer…

Elle peut se transformer, se déplacer, se mettre en sommeil, s'accentuer… Tel un organisme vivant, elle se nourrit et se construit en fonction de notre environnement, en symbiose ou en dissonance.

Prenons par exemple le phénomène compensatoire qui prend place lorsque l'on arrête de fumer : chewing-gum, nourriture, sport, shopping. Il est intéressant de constater à quel point nous redoublons d'ingéniosité pour remédier au vide créé par la sensation de manque.

Un autre exemple : chez les individus ayant une utilisation régulière de cocaïne et d'amphétamines, dès lors qu'ils voudront endiguer cette pulsion, on constate l'adoption d'autres comportements addictifs : boire plus que de raison, fumer cigarette sur cigarette, dévorer toutes sortes d'aliments.

Comme si ce flux d'énergie, cette vague, cette partie du mental qui était auparavant occupée à une tâche bien précise, se déplaçait automatiquement sur un autre objet de pulsion.

Tout cela, ce sont les personnes que j'ai rencontrées qui me l'ont dit, avec leurs mots, leur courage et leurs fragilités. Qui m'ont avoué avoir arrêté « ceci » mais repris « cela » ; être fiers de ne plus faire « ça » mais au final, de se sentir désabusés, car : « Si j'ai arrêté la drogue pour devenir obèse, je remplace un problème par un autre. »

La pulsion fonctionne de la même manière que des vases communicants. Un trop-plein quelque part entraînera forcément un manque ailleurs, un excès par ici mènera souvent à une privation par là.

C'est pour cela que les mouvements brutaux, les virages sont souvent difficiles à tenir sur le long terme, car ce que l'on soustrait quelque part revient bien souvent ailleurs, même si sa forme a muté.

Il est donc évident qu'apprendre à vivre avec ses pulsions addictives est le chemin de la sérénité.

Je garde en tête un exemple concret, vécu dans ma chair. Mon retour à Paris. Pour moi, la capitale est un lieu chargé. Les rues des dealers, la gare Saint-Lazare, la Madeleine, les bancs où je m'asseyais avec Kurt au début, les couloirs de métro où je faisais la manche : partout je peux croiser mes anciens fantômes. Paris représente l'environnement de mes déséquilibres. En revanche Paris, c'est aussi la culture, les musées, l'art et la politique, Paris, c'est la fête, les rencontres, la beauté des quais de Seine et Saint-Germain-des-Prés, la vitalité. Je n'ai pas envie de me priver de ça. Je dois donc reconquérir cette ville. Mes propres déséquilibres vont se confronter à ma mémoire des lieux. Je suis consciente de mes fragilités, donc je m'organise. D'abord, je ne fais que des séjours très courts. Un aller-retour dans la journée, par exemple, en évitant les quartiers lourds de souvenirs. Trois mois plus tard, une après-midi dans un arrondissement inhabituel pour moi, centré autour de retrouvailles avec une amie, avant d'aller dîner chez Moune et Poune qui m'hébergent. Plus tard, j'ose organiser un week-end entier centré autour d'une exposition qui m'intéresse. Je suis tentée de flâner du côté de Saint-Lazare, juste pour revoir ces lieux que j'ai tant fréquentés. J'y passe, je sens que je ne peux pas rester longtemps, je repars. Un jour, je m'aventure dans un parc que nous fréquentions Kurt et moi. La première fois, je m'assois sur un banc et je pleure. Tout me blesse, ici, c'est trop dur. Je repars, secouée. Je ne retourne pas à Paris avant six mois. Mais quand j'y retourne, que je m'assois sur le banc, les larmes ne viennent pas. Je me sens moins mal tout naturellement. La fois suivante, sur ce même banc, je regarderai les gens défiler et l'herbe un peu jaunie devant moi. Loin de Kurt et du passé, prête à redécouvrir le monde qui m'entoure, comme s'il m'apparaissait pour la première fois.

Dans le fond, j'ai fixé mon propre cadre au fur et à mesure, en fonction de ce que je me sentais capable d'absorber ou pas au niveau émotionnel. Quand je me sentais menacée par les souvenirs trop prégnants, je mettais de la distance. Quand je me sentais plus à même d'affronter la mémoire, je relâchais l'élastique que je tenais serré le reste du temps. Souplesse. À l'écoute de moi-même. Cette liberté-là a été ma conquête à moi. Pas évidente. Pas automatique. Mais avec l'aide du temps, ma volonté y est parvenue.

Remplacer progressivement les empreintes anciennes négatives par des empreintes fraîches positives. Il faut du temps pour cela, et de l'acceptation pour s'accueillir soi-même avec sincérité, transparence et compassion. Si ces conditions sont réunies, les choses finissent toujours par évoluer.

Je ne suis pas une superwoman ; ce que j'ai fait, d'autres peuvent le faire, chacun à sa manière. Il est toujours possible de se découvrir autrement. Vous êtes votre meilleur allié, n'en doutez pas. Nommez vos difficultés en toute autonomie, rencontrez vos limites à votre rythme, sans vous précipiter, testez, ouvrez les portes, soyez patients, soyez résilients, essayez différentes approches, expérimentez jusqu'à trouver l'alchimie de solutions qui vous convient le mieux. Vous avez tout en vous.

Conclusion

Si je veux ?

Je ne crois pas aux vérités absolues. Ce qui a fonctionné pour moi relève de l'empirisme, de mon histoire personnelle, de mon caractère, des rencontres que j'ai faites, miraculeuses ou dangereuses, de mon regard sur l'existence, j'allais dire, même, de ma philosophie. À chacun de trouver ses solutions, ses pratiques de soutien, ses rituels et ses micro-apprentissages, ses moteurs secrets, en n'oubliant pas que ces derniers sont amenés à évoluer dans le temps. Je suis incapable de donner de leçons de morale, je ne le souhaite pas, et je sais par expérience que ce genre de discours n'aboutissent à rien. En revanche, je crois à l'échange et au partage pour briser le sentiment de solitude et d'enfermement, je crois à l'intelligence humaine et à notre capacité de nommer les doutes, les impasses et les hontes, pour nous en libérer.

Les pulsions addictives font partie de nous. Le désir qu'elles réveillent en nous et les jouissances vers lesquelles elles nous entraînent trouvent pour terrain d'expression des produits parfois dangereux pour la santé et peuvent se manifester par une logique d'excès incontrôlable, jusqu'à devenir une souffrance. C'est cette dualité même entre jouissance et souffrance, paradoxale, qui rend le sujet si délicat et subversif.

Nous vivons dans un monde connecté qui privilégie l'hyper-contrôle en vouant un culte au corps parfait, retouché sur Photoshop ou Instagram, dans une époque qui nous enjoint d'être heureux, toujours souriants et de bonne humeur, en somme dans une époque qui nous enjoint d'être… parfaits. Gérer ses pulsions addictives est d'autant plus complexe. Par conséquent, lever le tabou de « l'addiction » est un enjeu de société. Le chaos que la pulsion addictive représente vient parfois percuter les schémas étroits que l'on voudrait ériger en norme. Plus la norme est rigide, plus la pulsion addictive est forte. Si on assouplit le cadre, si on éradique le curseur du « il faut/il ne faut pas », on ramène naturellement la pulsion à un degré moindre. On parvient à composer avec elle. Stigmatiser les individus n'est donc pas, et ne sera jamais, un moyen de les aider. Il pourrait sembler rassurant d'établir des frontières entre « eux » (les addicts) et « nous » (les soi-disant non-addicts). Mais est-ce si sûr ? Si nous sommes honnêtes avec nous-mêmes, ne voyons-nous pas tout ce qui relève de ce genre de pulsions dans notre propre fonctionnement humain ? Ainsi, en parallèle de ce que la médecine peut proposer, il y a tout un cheminement personnel à mener. La volonté est un levier réel mais complexe. Il ne suffit pas de décréter vouloir quelque chose pour que ce quelque chose se concrétise. D'abord parce que c'est difficile. Ensuite parce que ce n'est pas conforme à l'expérience humaine. Il suffit de regarder autour de soi : l'échec fait partie intégrante de l'existence. Mais peut-être faut-il donner une place nouvelle à l'échec, ou du moins à ce que nous désignons comme tel faute de mieux. L'échec n'est que le résultat d'une expérience, tout comme la réussite. Encore une fois, nous savons que l'important c'est le chemin et non l'arrivée. Tout n'est qu'apprentissage, la vie elle-même en est un.

Ainsi My Addie commence vraiment maintenant, à l'issue de ces années de rencontres, de réflexions, de découvertes, d'échecs et de succès, de tentatives répétées, d'esprit d'ouverture. C'est une aventure que j'ai initiée et qui aujourd'hui, pour mon plus grand bonheur, me dépasse.

Oui, vivre bien avec ses pulsions addictives, c'est possible. Nous avons tous en nous les ressources nécessaires pour y arriver, à condition de nous faire confiance et d'avancer avec bienveillance sur notre chemin.

Personne ne décidera à votre place, c'est entendu. Mais si vous le voulez, la liberté est là, juste devant vous. Accessible. Infinie.

Si vous souhaitez vivre l'expérience My Addie,
n'hésitez pas à vous connecter
sur **www.my-addie.com**

Vous pouvez également suivre nos actualités
sur notre compte Instagram : **@myaddie_**

COMPOSITION ET MISE EN PAGES
NORD COMPO À VILLENEUVE-D'ASCQ

ACHEVÉ D'IMPRIMER PAR CPI
EN FÉVRIER 2023

N° d'impression : 171979
Dépôt légal : mars 2023
Imprimé en France